Alfred Gulden, 1944 in Saarlouis/Saar geboren, studierte Neuere Germanistik, Theater- und Sprechwissenschaft. Er lebt als freier Schriftsteller und Filmer in München und im Saarland. Er erhielt für seine Arbeit u.a. den Bayerischen Staatlichen Förderpreis für Literatur (1982), den Deutsch-Französischen Journalistenpreis (1983), den Stefan-Andres-Preis (1986), den Kranichsteinpreis/New York Stipendium (1990), den Kunstpreis des Saarlandes (1994). Er ist Chevalier de L'ordre des Arts et des Lettres (1999) und Mitglied des P.E.N. Im Allitera Verlag ist 2009 sein Roman »Die Leidinger Hochzeit« erschienen. Ausführliche Angaben zu Leben und Werk auf *www.alfredgulden.de*.

Alfred Gulden

Saarlouis 300

Historische Revue

Alle Rechte vorbehalten, insbesondere das der Aufführung durch Berufs- und Laienbühnen, des öffentlichen Vortrags, Verfilmung und Übertragung durch Rundfunk und Fernsehen, auch einzelner Abschnitte. Das Recht der Aufführung oder Sendung ist nur vom Autor zu erwerben. Den Bühnen und Vereinen gegenüber als Manuskript gedruckt. Dieses Exemplar kann, wenn es nicht als Aufführungsmaterial erworben wird, nur kurzfristig zur Ansicht entliehen werden.

Weitere Informationen über den Verlag und sein Programm unter:
www.allitera.de

Dieses Buch erschien erstmals 1980 im SDV Verlag, Saarbrücken

Bibliografische Information der Deutschen Nationalbibliothek
Die Deutsche Nationalbibliothek verzeichnet diese Publikation in der Deutschen Nationalbibliografie; detaillierte bibliografische Daten sind im Internet über http://dnb.d-nb.de abrufbar.

März 2010
Allitera Verlag
Ein Verlag der Buch&media GmbH, München
© 2010 Buch&media GmbH, München
Umschlaggestaltung: Kay Fretwurst, Freienbrink
Herstellung: Books on Demand GmbH, Norderstedt
Printed in Germany · ISBN 978-3-86906-120-7

Inhalt

Bild 1
Der Halleysche Komet oder was wird aus Saarlouis werden · 9

Bild 2
N oder der ewige elende Narr · 26

Bild 3
Der Familie Dumas Nachtgebet · 29

Bild 4
Flääsch? Flääsch. · 32

Bild 5
Krejch · 34

Bild 6
Der Friede, der Saarlouis Arme und Beine abschlug. · 37

Bild 7
Aus der Traum · 38

Bild 8
Dahäm, was is das? · 39

Bild 9
Eine Zeit wird kommen · 41

Bild 10
Verfällt in Elend, stirbt in Armut · 43

Bild 11
Horrassa und Schnabeliener · 50

Bild 12
Ein Fest? Ein Fest · 53

Bild 13
Das grosse Fest · 56

Bild 14
Die Guillotine wirft einen Schatten · 59

Bild 15
Paris oder Rom · 61

Bild 16
Schreckenszeit · 63

Bild 17
N. A. P. O. L. E. O. N. · 65

Bild 18
Mai Bou net · 68

Bild 19
Russland: Lòò hadda sich iwwaholl! · 71

Bild 20
La Grande Armee – En Lompen häm · 75

Bild 21
Es ist ein Schnitter, der heisst Tod · 77

Bild 22
Waterloo – Preussisch Saarlouis · 84

Bild 23
Reglemang · 88

Bild 24
Spartanische Suppe · 90

Bild 25
Im Morgengrauen · 92

Bild 26
Wieder Krieg · 95

Bild 27
Im Lazarett · 96

Bild 28
Der Herr ist der rechte Kriegsmann · 99

Bild 29
Handel und Wandel – an Saarlouis vorbei · 103

Bild 30
Ost und West: ein grosses patriotisches
Schaustück aus der Gegenwart · 106

Bild 31
Stempelngehn – Stempelnstehn · 109

Bild 32
Status Quo oder Nix wii häm · 112

Bild 33
Saarlouis-Saarlautern 1000 Jahre · 114

Bild 34
Sich ännan? – Wat dann? · 115

Bild 35
URKUNDEN · 118

Bild 36
JA-SAGER UND NEIN-SAGER · 120

Bild 37
23. OKTOBER 1955 · 123

Bild 38
SAARLOUIS-VENEDIG – LETZTES MAL · 124

Bild 39
AUF DEM GROSSEN MARKT · 126

Bild 1

Der Halleysche Komet oder
was wird aus Saarlouis werden

(Die leere Bühne offen. In vollem Licht. Langsam erlischt das Licht im Zuschauerraum. Nach einer Weile wird es auch auf der Bühne dunkel. Der Gestirnte Nachthmmel erscheint. Plötzlich: Menschen strömen auf die Bühne. Schattenrisse. Sie bilden Gruppen.)

Pater Renard: Dieser Morast! Dieser Morast!
De Choisy: Was Sie bejammern, ist Grund, daß wir hier sind! Aber schauen Sie hoch! Eine sternklare Nacht! Der gestirnte Himmel. Gute Voraussetzungen.

PATER RENARD: Auch wenn ich nach oben schaue, der Morast bleibt unter meinen Füßen!
DE CHOISY: Aber Pater Renard, Sie sind doch Gelehrter! Sie sind doch Gelehrter!
PATER RENARD: Mit beiden Beinen fest auf der Erde! *(Beide lachen)*
DE CHOISY: Bald, bald. Und Sie werden hier festen Boden unter den Füßen haben. Bald. Und Sie werden das hier nicht mehr wiedererkennen!

HAYEM LEWY: Daß de Hòòa kackscht! Sackschbijelcha, Klappmässacha, Halsdiichelcha, Sackdiichelcha, scheene, Deescha, Schuubändelcha, Nòòdele, Schbingele, Nääz un Fissel! O Adonai! Daß de Hòòa kackscht! O Cerf! Alles wäch! Alles wäch! Ratzekaal! Nix me iwrich! Daß de …
CERF WORMS: *(fällt ein)* Is schon gutt! Is schon gutt! Soo ain Geschäft! Un alles han dii Soldaaten abkaaft?! Alles!? Of ääne Schlach? O daß de! O du häälija Schdroosack!
HAYEM LEWY: Ich kennt ma jò sälwa en de Hinnere dreede, daß ich nit mee hòtt! Dii hädden alles kaaft! Alles! Wii varickt! O, daß ich aach nit mee debai hòtt! O Cerf! Ich komme widda! Schnäll wii da Wind bin ich widda dòò! Daß de …
CERF WORMS: *(fällt ein)* Hòòa kackscht!

THILMANN MERTEN: Wääsen dia dann wat dat hääscht! 670 Bätta! Wääsen dia wat dat hääscht?! Machen auch mòòln Bild! Simon, schdräck dai Aarmen mòòl aus! Soo. Wann jeed Bätt graad soo bräät wääa wiim Simon sai Aarmen un dat 670 mòòl neewenanna! Dann han dat! 670 Bätta! Aich han gedänkt, maich träfft da Schlach! Kemmt dääa dòch en de Wärkschdatt ren un saat: 670 Bätta gäänga brauchen! Dat wòòa sevill fo äämòòl! Of dat Gesicht wat aich geschniit han, hat dääa geweß gemännt, aich gäängem dat net glääwen! Soo änt muß aich geschniit han! Wird alles bezahlt, gut und sofort! Hadda gesaat. 670 Bätta! Wai schdeen aich dòò. Schdälln auch mòòl vooa, allään dat Holz, dat woo dòò drof get! Un dann! Aaichene Bätta! Äppes Schdabiiles, hadda gesaat.
SIMON SCHLINK: Un wann muscht dau liwan?
THILMANN MERTEN: Dat es et jò! Dat es et jò! Dääa maan dii dòch soo schnäll wiit get! De heekscht Tabeet! Allään brengen aich dat net dahin! Dòò brauch aich Hilf! Dòòfoa han aich auch jò gefròòt! Dòòfoa wollten mia jò haut aach en de »Engel« geen! Awa wänn dii all hej schdeen un

loun! Dann waaten mia dòch aach nòch en Momänt! 670 Bätta! 670 Schdeck! Of äänen Schlach! Mia gen nòch raich! Schdäänraich!
SIMON SCHLINK: Je, je!

FRAU DUMAS: Pierre! Philippe! Pierre! Philippe! Diese Kinder!
JEAN DUMAS: Laß sie doch! Laß sie doch umherlaufen! Es sind doch Kinder!
FRAU DUMAS: Sehen Sie, so ist er! Die Kinder dürfen alles! Alles dürfen die Kinder! Es ist doch schon dunkel! Und dann dieser Morast!
PIERRE PASCAL: *(unsicher zwischen Nicken und Kopfschütteln)*
FRAU DUMAS: Sie haben keine Kinder! Sie Glücklicher! Sie haben keine!
JEAN DUMAS: Er wird auch einmal welche haben. Stimmts? Er will sicher auch einmal Kinder.
PIERRE PASCAL: *(verlegen)* Ja, also, sicher.
JEAN DUMAS: Für wen arbeiten wir denn? Für wen machen wir alles? Doch für die Kinder! Die Zukunft!
FRAU DUMAS: Die sieht im Augenblick aber noch *(sie schaut zu Boden)* na, ja ...
JEAN DUMAS: Da bin ich gegenteiliger Ansicht. Diese Stadt ...
FRAU DUMAS: Das nennst du Stadt?
JEAN DUMAS: diese Stadt, diese werdende Stadt wird Zukunft haben. Da bin ich sicher. Mehr als sicher. Glauben Sie mir, Pierre Pascal, ich habe so etwas in der Nase! Ich habe eine gute Nase für so etwas! Und meine Nase sagt mir: Saarlouis hat Zukunft!
PIERRE PASCAL: *(nickt bedächtig)*
FRAU DUMAS: Pierre! Philippe! Pierre! Philippe!
JEAN DUMAS: So laß sie doch! Es sind doch Kinder!

JOHANN CORNEIL: Mädchen, ihr seid nicht warm genug angezogen! Wir haben Dezember! Ich weiß nicht, ich weiß nicht, daß euch nicht kalt ist! Ich würde mich zu Tode frieren!
SOUZANNE: Sie schon! *(Die Mädchen lachen)*
BABETTE: Na, ich weiß nicht, manchmal ...
JOHANN CORNEIL: Was manchmal, was?
BABETTE: Ich habe nichts gesagt. Nichts gesagt.
JOHANN CORNEIL: Ich habe aber etwas gehört!
BABETTE: *(zu den anderen Mädchen)* Habe ich etwas gesagt? *(die anderen Mädchen lachen und schütteln die Köpfe)*

JOHANN CORNEIL: So ist es recht! Immer zusammenhalten gegen den Alten! Immer zusammenhalten!
MARIE: So alt auch noch nicht! Nein, nein.
JOHANN CORNEIL: Was heißt das nun wieder, he, sag!
MARIE: Das heißt, was es heißt! Nicht mehr und nicht weniger!
JOHANN CORNEIL: Ich habe nur gemeint, daß ihr nicht warm genug angezogen seid für eine Dezembernacht!
SOUZANNE: Uns ist nicht kalt!
JOHANN CORNEIL: Bei soviel Männern in der Nähe!
BABETTE: Das ist auch ihr Geschäft! Das läßt doch auch Sie gut leben! Oder nicht?! Denken Sie nur an früher!
JOHANN CORNEIL: Wieso?
BABETTE: An Metz! Der »Engel« in Metz hatte schon ganz traurige Flügel! Der »Engel« in Metz ließ seine Flügel schon ganz schön hängen!
MARIE: Weil niemand kam!
SOUZANNE: Und jetzt? Höhenflüge! Höhenflüge!
JOHANN CORNEIL: *(zuckt mit den Schultern)*

DE LA TOUR: Wie ein Stern! Ein gezackter Stern wird sie daliegen. Vom Himmel gefallen.
DE VERDIÈRE: Der Dichter! Der Dichter hat gesprochen!
DU PLESSY: Dichter sprechen nicht. Es spricht durch sie. Es spricht aus ihnen.
DE VERDIÈRE: Ist mir gleich, ob er spricht oder sprechen läßt! Der Vergleich stimmt auf jeden Fall. Ich habe die Pläne gesehen. Sie sieht aus wie ein Stern. Vieleckig.
DU PLESSY: Nur, vom Himmel gefallen, das ist sie nicht. Bei Gott nicht! So einfach wird es nicht gehen. Wenn ich daran denke, wieviel Arbeit! Wieviel Schweiß! Wieviel Dreck! Dieser Dreck!
DE VERDIÈRE: He, De la Tour! Schreib doch auch mal über diese ganze Plackerei! Diese Schweinerei im Sumpf! Das Ungeziefer in den Baracken! Diese lausigen Unterkünfte! Nicht einmal ein Kasino! Und die langweiligen Abende!
DE LA TOUR: Ich habe keine Langeweile!
DU PLESSY: Weil Du an deinen Versen sitzt! Das Schöne! Das Schöne! Das muß einem doch auf die Nerven gehen! Das muß doch mit der Zeit langweilig werden!
DE VERDIÈRE: Und mit der Wirklichkeit hat das doch so gut wie nichts zu

tun! Wie kann man nur in der Scheiße stehen und über die Schönheit schreiben!
DE LA TOUR: Eben deswegen!
DU PLESSY: Schon gut! Ist ja schon gut! Heute abend ist ja was los. Zumindest hoffen wir. Hoffen wir.
DE VERDIÈRE: Mal sehen!

JOSEPH SAULNIER: He, La Grange, auf was warten wir denn noch? Wir könnten längst im »Engel« sitzen und uns einen guten Abend machen!
JJ LA GRANGE: Du weißt, auf was wir warten!
JOSEPH SAULNIER: Mein Gott! Mein Gott! Das ist mir so egal!
JJ LA GRANGE: Ich warte, ich will sehen!
JOSEPH SAULNIER: Du bist auch abergläubisch. Du glaubst tatsächlich?
JJ LA GRANGE: Wenn du gehen willst, geh doch! Ich bleibe! Außerdem ist der Wirt auch hier. Der »Engel« ist geschlossen.
JOSEPH SAULNIER: Verdammter Blödsinn! Dieser Blödsinn!
JJ LA GRANGE: Es hält dich niemand hier! Hau doch ab! Leg dich aufs Ohr! Ich bleibe. So etwas gibt es nicht oft! Saufen können wir immer. Aber das hier! Das hier!
JOSEPH SAULNIER: Bis euch die Hälse steif werden! Bis ihr Genickstarre habt! Bis es euch in die Nasen schneit!
JJ LA GRANGE: Wenn du nicht bleiben willst, geh! Aber wenn du bleibst, halt dein Maul.
JOSEPH SAULNIER: Du bist mir ein Freund! Du bist mir ein Freund!

PATER RENARD: Wissen Sie, daß dieser Mann erst 24 Jahre alt ist? 24 Jahre! 1656 geboren in England. Und hat schon einen Namen in der Wissenschaft! Einen guten Namen! Seine Methode, die Aphelien und Exzentrizitäten der Planeten zu bestimmen: Methodus directa geometrica investigandi excentricitates proportionesque orbium planetarum primariorum, ist schon seit vier Jahren veröffentlicht. Also mit 20! Halley! Dieser Name hat einen guten Klang!
DE CHOISY: Mir hat er bis vor kurzem nichts oder nur wenig gesagt. Halley. Ein Engländer, der mit Sternen zu tun hat. Mehr auch nicht. Das war, das ist alles, was ich über ihn weiß.
PATER RENARD: Da kann ich Ihnen helfen. Ich beschäftige mich mit Astronomie und weiß darüber. Dieser junge Mann war vor vier Jahren auf der Insel Helena und hat dort die Sterne des südlichen Himmels

bestimmt: catalogus stellarum australium. Dieser catalogus ist letztes Jahr erschienen. Mit 20 hat er ihn erstellt! Mit 20 Jahren! Ein Genius!
DE CHOISY: Ja, ja! Sie schwärmen ja geradezu!
PATER RENARD: Wie sollte ich auch nicht! Warten wir doch hier auf einen neuen Beweis seines Genies! Heute Nacht werden wir den Beweis vor Augen haben! Miterleben können, Zeuge werden!
DE CHOISY: Mal abwarten!

DE VERDIÈRE: Schlüssel und Klinke zugleich! Ein Fuchs! Raffiniert! Ausgekocht!
DU PLESSY: So müssen gute Militärs sein!
DE LA TOUR: Was? Wer?
DE VERDIÈRE: Ist das keine Dichtung? Schlüssel und Klinke zugleich sein. Das ist mehr als nur ein Bild! Das wird Tatsache sein! Tatsache!
DE LA TOUR: Ich weiß nicht, wovon ihr redet! Wer? Was?
DU PLESSY: Das ist konkrete Poesie: Schlüssel und Klinke zugleich!
DE LA TOUR: Entweder ihr erklärt mir, was das soll, oder ihr laßt es!
DE VERDIÈRE: Du Plessy, sollen wir es ihm sagen? Sollen wir?
DU PLESSY: Er müßte es wissen! Aber da er manchmal, blindes Huhn, auch einen guten Vers zustande bringt
DE VERDIÈRE: Gut, De la Tour, du weißt, wo wir hier stehen?
DE LA TOUR: Blöde Frage, Natürlich weiß ich es, natürlich!
DU PLESSY: Marschall Crequi hat Schlüssel und Klinke gesagt. Marschall Crequi hat das gesagt von dem Platz, an dem du stehst.
DE LA TOUR: Von Saarlouis?
DE VERDIÈRE: Nein. Aber man kann es dafür nehmen.
DE LA TOUR: Was hat dieser Dreck hier mit Schlüssel und Klinke zu tun?
DU PLESSY: Diese Stadt wird nicht nur ein Stern *(deklamiert)* »vom Himmel gefallen«, *(wieder normal)* Saarlouis wird Garnison sein. Festung. Militärischer Stützpunkt.
DE VERDIÈRE: Schlüssel und Klinke zugleich. Das trifft. Das ist Poesie!
DE LA TOUR: Entschuldigt, aber ich verstehe immer noch nicht!
DE VERDIÈRE: Bleib beim Bild! Mit einem Schlüssel schließt man ab, eine Klinke nimmt man in die Hand, um aufzumachen.
DE LA TOUR: Und, und?
DE VERDIÈRE: Saarlouis ist Schlüssel und Klinke zugleich.
DE LA TOUR: Ah! Stützpunkt, Festung, Befestigung, Schutz und gleichzeitig Ausgangspunkt für …

Du Plessy: *(nickt)* Ja, Schlüssel und Klinke zugleich.
De La Tour: Stern vom Himmel gefallen/Schlüssel und Klinke zugleich.
De Verdière und Du Plessy: *(lachen)*
De Verdière: Bitte verschone uns! Bitte nicht jetzt! Wir wollen einen richtigen Kometen sehen!
Du Plessy: Mit bloßem Auge! Mit bloßem Auge soll er zu sehen sein!
De La Tour: Schlüssel und Klinke zugleich vielfach gezackter Stern.
De Verdière: Man kann ihm nichts sagen!
Du Plessy: *(lacht)*

Jean Dumas: Die Zukunft dieser Stadt liegt auch an uns! Wir könnten Einfluß haben! Großen Einfluß. Denn ohne uns – Wir werden gebraucht! Haben Sie schon einmal überlegt, was eine Stadt alles benötigt! Das fängt an mit dem Essen! Unterteilen Sie da einmal, allein bei dem Essen! Dann die Kleidung. *(winkt ab)* Ich brauche nicht aufzuzählen, was alles! Dann die Unterkünfte! Denn diese elenden Baracken, glauben Sie nicht, daß die lange da sein werden! Und Soldaten, was brauchen Soldaten am nötigsten?
Pierre Pascal: Waffen!
Jean Dumas: Sehen Sie! Zukunft! Das sind Aufgaben! Und wir, wir sind die ersten! Wir mahlen auch zuerst! Großhandel! Das ist es! Nicht ein Pfund Fleisch, nicht eine Hose, ein Gewehr! Rinderherden, Schafherden, Tuch, mit dem Sie den Platz hier bedecken könnten, Gewehre, mit denen Sie den Platz hier umzäunen könnten! Sich nicht mit Kleinkram abgeben! Das machen andere!
Pierre Pascal: Und Sie glauben, daß ich …
Jean Dumas: Ich weiß es, Sie sind der Mann, mit mir das große Geschäft hier zu machen. Sie sind jung, ungebunden. Festen Boden haben Sie auch. Den brauchen wir nämlich für den Anfang. Einen festen Boden! *(macht die Geldzählbewegung mit den Fingern)*
Frau Dumas: Pierre! Philippe! Pierre! Philippe!

Hayem Lewy: Haschdes geheeat? O Adonai! Haschdes geheeat? Alles vadäält! Nix me! Nix me fia uns!
Cerf Worms: Nebbich! Was haschde dann geheeat? Nix is vadäält! Fia uns is nòch genuch! All dai Deescha, Mässacha, Schbijelcha, dai Riime, Nòòdele, Schbingele, dai Nääz un Fissel, ai das vakaafscht du nòch genausoo vill wii wai!
Hayem Lewy: Ach, Lais un Flee! Das glaabscht du? Daß ich nit lache! Daß

ich nit lache! O Adonai! Unnagang! Unnagang! Schon widda nix me! Schon widda nix me!
CERF WORMS: Daß de! Daß dich dòch! O Hayem! Heea dòch mòòl zuu! Großhandel hadda gesaat! Großhandel! Wolle mia dann das? Is das dann unsa Geschäft? Nää, nää! Duu häälija Schdroosack! Mia mache dii klääne grooß Geschäftcha!
HAYEM LEWY: Mänscht duu, dii lòsen uns?
CERF WORMS: Was hääscht dòò lòsen?! Dii märken das dòch gaanet! Nix märken dii!
HAYEM LEWY: Du mänscht soo unna da Hand! Soo en da dunkel Äck?
CERF WORMS: Hayem, heea dòch mòòl zuu! Nit en da dunkel Äck, nit unna da Hand! Nää, aam hälle Dach! Dii han dòch soovill dòò se duun, dii märken uns dòch net! Ach daß de!
HAYEM LEWY: Ich wääß nit! Ich wääß nit! Ich han dòò Angscht! Das is nix gudds! Das wääd nix guuds! Ich männe, ich hätt dòò soon Gefiil dafiia! Geet alles gutt hii, gutt. Geets schlächt, dann simma nòmò Schuld! Dann simma nòmò draan!
CERF WORMS: Duu mòòlscht aach alles schwaz!
HAYEM LEWY: Ich siin schon Unglick! Vill!

THILMANN MERTEN: Wänn dat alles wääa! Dòò kommt nòch mee! Net nua de Bätta! 670 Schdeck! Aach nòch Baracken! Mee wii genuch! Net ään! Glaich zeen un mee! Aich han wai mee se doun wii sonscht en zwanzich Jòòa! Glääwen ma! E Seejen! E Seejen! Dii nau Schdat!
SIMON SCHLINCK: Männschde?
THILMANN MERTEN: Mäsicha! Dat es dòch Äawet! Fo uus all! Dat es dòch Gäld! Dat sen jò net allään de Bätta un Baracken! Dii brauchen jò ein Daiwel, ein Daiwänka sai Zaich! Schou un Boxen, Mäntel, Räck un Faanen, Zälta, Deppa, Sääweln!
SIMON SCHLINCK: Ma wääsent, ma wääsent! Dat es jò alles scheen un rächt. Dat sin aich alles en. Dat es en Seejen. Fo jeeden hej! Mòòl ändlich Äawet, gutt bezaalt. Awa …
THILMANN MERTEN: Wat hääscht dòò awa. Fo maich geft et kään awa dòòdabai!
SIMON SCHLINCK: Et kommen dòch Soldaten en dii Schdat!?
THILMANN MERTEN: Dii sen dòch wai schon dòò. Dii blaiwen aach, dänk aich ma.
SIMON SCHLINCK: Un wäascht dau wat dat hääscht?

THILMANN MERTEN: Dii sen dann dòò. Un wat?
SIMON SCHLINCK: Dii sen dan dòò. Un wänn et Krejch geft,
THILMANN MERTEN: Dann geft et eewen Krejch. Un wat?
SIMON SCHLINK: Dann es a dismòòl hej! Hej! Hej bai uus! Dòò get et dann wii Sodom un Gomòrrha!
THILMANN MERTEN: Wii dau dat sischt! Aich wääß et net!
SIMON SCHLINCK: Ma wääaden jò gesin! Ma wääaden jò gesin!

SOUZANNE: Alle die Männer! Und wir stehen hier! Und schauen in den Mond!
BABETTE: Ich verstehe das nicht! Das ist doch rausgeworfenes Geld!
JOHANN CORNEIL: Wir wollen doch den Comet sehen! Wie alle hier.
SOUZANNE: Das hätten wir auch aus dem Fenster im »Engel« machen können!
MARIE: Wir wollten aber wie alle auf den Platz gehen!
JOHANN CORNEIL: Wir kommen noch früh genug in die Kneipe!
SOUZANNE: Daß gerade Sie das sagen!
JOHANN CORNEIL: Ich habe so eine Ahnung.
MARIE: Ahnung?
JOHANN CORNEIL: Ja, Ahnung. Ich habe letzte Nacht kaum geschlafen. Da hatte ich einen Traum. Ich kann nicht einmal Traum sagen. Ich hatte die Augen offen.
SOUZANNE: Ein Traum? Ich höre gern Träume erzählen.
BABETTE: Etwas, das man nicht erzählen darf? *(kichert)*
JOHANN CORNEIL: Vielleicht.
MARIE: Wollen Sie es uns nicht sagen?
JOHANN CORNEIL: Es war komisch. Ich weiß nicht, wie ich das sagen soll. Saarlouis war eine große Stadt mit vielen Häusern, Plätzen, Straßen, Alleen, eine schöne Stadt. Vor allem der Platz, der große Platz. Da war es auch.
SOUZANNE: Was war da?
JOHANN CORNEIL: Da war es. Ich stand auf dem Platz. Ich stand aber auch nicht da. Soldaten paradierten, Fahnen, Pferde, viele Leute. Dann fing es an.
BABETTE: Was fing an?
JOHANN CORNEIL: Der Boden unter meinen Füßen. Damit fing es an. Es war, als wäre der Boden weich und fest zugleich. Alles schwankte: die Pferde, die Soldaten, Fahnen, Häuser. Auf und ab. Dann langsam, langsam, sackte alles. Sackte ab. Nach unten weg. Doch so, daß ich wie

drüberschwebte. Gleichgroß blieb. Nur alles andere versank da um mich her. Reihenweise die Parade, die Häuser, Bäume, die Pferde, die kämpften noch dagegen. Aber doch umsonst. Dann war nur noch der Sumpf und hier und da ein Flecken schwarzes Wasser. Die ganze schöne Stadt! Mit all den Menschen, Tieren, Häusern, Straßen, weg. Und Gras darüber. Sumpfgras. Vor lauter Um-mich-schlagen habe ich mir die Hand weh getan. Hier! *(er zeigt die Hand)*
MARIE: Schrecklich! Wie können Sie nur solche Träume haben!
JOHANN CORNEIL: Ich wollte, ich hätte das nicht gesehen! Eine Ahnung? Ich weiß es nicht. Deshalb warte ich auf den Kometen. Daß da vielleicht eine Antwort ist!
BABETTE: Was soll da schon für eine Antwort sein!?
SOUZANNE: Ein bißchen Licht. Ganz kurz. So hab ich es gehört. Und aus. Vorbei.
JOHANN CORNEIL: Ich weiß nicht. Ich weiß nicht.

JOSEPH SAULNIER: Schaut mal, die Souzanne! Die ist wieder in Form!
JJ LA GRANGE: Die Marie die ist mir lieber. Die macht nicht soviel daher!
JOSEPH SAULNIER: Jeder wie er will! Du, La Grange, ich hab was für die Souzanne!
JJ LA GRANGE: Was denn?
JOSEPH SAULNIER: Sowas hast du noch nicht gesehen!
JJ LA GRANGE: Zeig doch! Was denn?
JOSEPH SAULNIER: Etwas Besonderes! Einmaliges!
JJ LA GRANGE: Zeig doch her! Mach doch nicht so ein Theater!
JOSEPH SAULNIER: Hier! *(Er zieht ein buntes Tuch aus seinem Rock.)*
JJ LA GRANGE: *(zieht das gleiche Tuch aus seinem Rock. Lacht.)*
JOSEPH SAULNIER: Nein! Zeig her! O nein! Dieser Drecksack! Dieser Schmierlappen! Dieser Lumpenhund!
JJ LA GRANGE: Wer? Und schrei nicht so! Es schaun ja alle her!
JOSEPH SAULNIER: Dieser krumme Hund! Dieser Knopf!
JJ LA GRANGE: Beruhige dich doch! Ruhe! Nur ruhig!
JOSEPH SAULNIER: Er hat mir gesagt, es sei das einzige! Das einzige Tüchlein dieser Art! Und ich Dummkopf falle darauf herein! Du hast das gleiche! Und sehr wahrscheinlich hundert andere auch! Und ich wollte Souzanne
JJ LA GRANGE: Sie wird sich auch so freuen!
JOSEPH SAULNIER: Nur noch eins, La Grange, was hast du bezahlt dafür?

PATER RENARD: Mir fällt ein, was meinten Sie mit »was ich bejammere, sei Grund, daß wir hier sind«?
DE CHOISY: Sie sagten doch: dieser Morast! Dieser Morast!
PATER RENARD: Und?
DE CHOISY: Der Fluß ist Schuld an diesem Morast. Und Grund, weshalb die Festung hier errichtet wird.
PATER RENARD: Ah.
DE CHOISY: Sie werden bald festen Boden unter den Füßen haben. Sie werden bald in einer Stadt leben, die ihresgleichen sucht. Glauben Sie mir, Pater Renard. Ich sehe sie vor mir, diese Stadt: die beiden Tore, die Wälle, Gräben, die schöne Anordnung der Straßen, ihre Gradlinigkeit, die gleichen Maße der Vorderfronten der Häuser, die Schönheit der öffentlichen Bauten und des Stabsgebäudes, die Rinnsteine längs der Straßen, die plätschernden Brunnen, und vor allem der große Platz mit seinen Platanen! Nicht zu vergessen die gute Luft und die vorzüglichen Wasserverhältnisse. Sie werden weit im Königreich reisen müssen, um eine solche Stadt zu finden. Der Comet heute ist ein gutes Zeichen! Ein sehr gutes Vorzeichen!
PATER RENARD: Jetzt kommen Sie ins Schwärmen!
DE CHOISY: Da kann ich schwärmen. Eine neue Stadt! Und wir von Anfang an dabei! Alles noch vor uns! Wir haben es in der Hand! Das macht mich schwärmen!
PATER RENARD: Gebe Gott, daß alles so kommt, wie Sie sagen!
DE CHOISY: Glauben Sie mir!

MARIE: Also, Ihr Traum geht mir nicht aus dem Kopf! Alles versunken, untergegangen im Morast!
JOHANN CORNEIL: *(nickt)* Es sitzt mir auch noch schwer
SOUZANNE: Jetzt keine Trübsal blasen! Der Comet kommt gleich!
BABETTE: *(lacht)* Der Comet kommt! Der Comet!
SOUZANNE: Schaut nur, wie aufgeregt sie alle sind! Wie auf Kommando! Als wäre der Comet die Postkutsche!
JOHANN CORNEIL: Wenn er so pünktlich wie die Postkutsche ist, dann können wir noch lange warten!
MARIE: Seltsam, auf dem Platz zu stehen, mit ihren Bildern im Kopf! Daß wir alle plötzlich versinken!
SOUZANNE: Ich würde mich schnell dem da drüben an den Hals werfen!
BABETTE: Um noch schneller unterzugehen!
(Alle lachen)

Ich stehe mehr auf dem daneben! Der ist größer! Da hätte ich länger Luft!
(Alle lachen)
JOHANN CORNEIL: Ob der Comet ein gutes Vorzeichen ist?
MARIE: Wer weiß das? Wer weiß das schon?
JOHANN CORNEIL: Ich bin nicht abergläubisch. Aber nach der vergangenen Nacht! Nach diesen Bildern im Kopf!
BABETTE: Vielleicht hatten Sie zu viel, zu schwer gegessen? Das hat Sie bedrückt!
SOUZANNE: Und untergehen lassen!
(Alle lachen)
BABETTE: Und der Wein, der hat sie wieder leicht gemacht! Daher der Schwebezustand! Deshalb!
JOHANN CORNEIL: Ihr habt gut lachen! Mir geht das nach! Mir geht das nicht mehr aus dem Kopf!
MARIE: Das ist auch kein gutes Gefühl, hilflos versinken!

FRAU DUMAS: Ich hoffe, daß das hier bald nicht nur den Namen Stadt tragen wird, sondern …
JEAN DUMAS: Geduld, nur ein wenig Geduld, Charlotte! Alles, Alles braucht seine Zeit! Und der Bau einer Stadt ist kein Tagwerk. Es geht sowieso erstaunlich schnell vorwärts!
FRAU DUMAS: Davon merke ich nichts! Wirklich nichts!
PIERRE PASCAL: Oh doch!
FRAU DUMAS: So? Woran denn? Was denn? Ich hätte es gern gewußt!
JEAN DUMAS: Die Gräben, die Wälle, die Markierungen für die Straßen, die ersten Häuser stehen schon, Bäume sind schon gepflanzt, der Platz ist abgesteckt.
FRAU DUMAS: Und? Eine große Baustelle, mehr nicht!
PIERRE PASCAL: Da haben Sie recht! Aber aus jeder Baustelle wird einmal etwas Fertiges!
JEAN DUMAS: Bravo!
FRAU DUMAS: Auf das Fertige bin ich gespannt! Ich bin gespannt!
JEAN DUMAS: Ein Geschäft am Platz! Mitten im Zentrum! Jeder geht vorbei, jeder schaut hin, jeder kauft ein.
PIERRE PASCAL: Sie sagten vorhin Großhandel?
JEAN DUMAS: Aber ja! Aber ja! Kein Krämerladen! Ein großes Geschäft. Aber darüber kann man noch sprechen.
PIERRE PASCAL: Ich dachte eher an ein Kontor, ein Lager.

JEAN DUMAS: Das kommt dazu! Das ist die Voraussetzung.
FRAU DUMAS: Träume. Ob das nicht nur Träume sind?
JEAN DUMAS: Bis jetzt gehen die Geschäfte gut. Aufträge, Anfragen mehr als genug. Mehr als genug. Wir sind hier die ersten! Wir haben es in der Hand!
PIERRE PASCAL: Da haben Sie recht!
FRAU DUMAS: Und unsere Kinder? Die Kinder?
JEAN DUMAS: Die wachsen mit der Stadt.

THILMANN MERTEN: Saa mòòl, es lòò en nau't dabei?
SIMON SCHLINCK: Wat?
THILMANN MERTEN: Bai deen Mädcha lòò baim Corneil.
SIMON SCHLINCK: Aich kännen maich dòò net soo aus.
THILMANN MERTEN: Wii kennt aach annascht sen!
SIMON SCHLINCK: Je, wai hall daich zereck! Et muß jò net graad jeeda dauand en da Wetschaft lain!
THILMANN MERTEN: Dat es dòch jeedem iwalòß! Sai aaijen Sach! Oda net?
SIMON SCHLINCK: Männen aich jò. Aich kännen et net, wänn de maich fròòscht.
THILMANN MERTEN: Mee wollt aich gaanet wessen! Sit dat schnaz aus! E paa graza Aauen! Un en Schneßchin!
SIMON SCHLINCK: Geft et en Roden dann net Mädcha genuch?! Muscht dau of dii vaan auswäats loun?!
THILMANN MERTEN: Lòß maich dòch! E bissin nau fresch Blout gääng gaanet schaden!
SIMON SCHLINCK: Dii waaten aach graad nua of daich! Dii schprengen aach, wänn dau kommscht!
THILMANN MERTEN: Fowat dann net?
THILMANN MERTEN: Dòò sen dòch Männa graad genuch! Dausende vaan Soldaaten! Dat sena dòch genuch! Oda net?
THILMANN MERTEN: Wat dann? Dat sen dòch aarem Schluckan! Dii han dòch naischt em Henna! Naischt! Awa lòß uus Geschäft mòòl laafen! Dann klòppen mia of de Gäldbaidel! Dat kannschte glääwen, daß dann dii Mädcha schprengen!
SIMON SCHLINCK: Mòòl langsam! Mòòl scheen langsam!
THILMANN MERTEN: Aich han de Ofträch! Aich han se schon em Sack!
SIMON SCHLINCK: Un't Gäld? Hascht dau et schon gesin?

THILMANN MERTEN: Glääfscht dau, dii recken känt hej raus? *(zieht Geld aus der Tasche)* Un wat es dat?
SIMON SCHLINCK: Gutt. Dann löß de Mädcha schprengen. Wat haschden dòò davaan?!
THILMANN MERTEN: Mä naischt! Dai Alt, dii gäät daich bääken!

DU PLESSY: Saarlouis wird günstiger liegen als jede andere Festung im ganzen Königreich. Im Hinblick auf Lothringen und das Metzer Land schützt sie vor dem Einfall deutscher Truppen und schließt jede Besetzung und jede Unternehmung solcher Art aus. Zum anderen ermöglicht sie Unternehmungen in das Gebiet vor ihr. Also bis zum Rhein und von Straßburg bis Koblenz.
DE LA TOUR: Schlüssel und Klinke!
DE VERDIÈRE: Und sicher wird sie sein! Der Fluß, um die Festung geleitet, vereitelt jeden Angriff. Und Hirngespinst dürfte sein, daß der Feind den Fluß abzuleiten versucht durch ein neues Bett, durch Schleusen und Dämme. Wie soll das ein Feind unter dem Hagel der Geschosse machen können? Unmöglich. Die Stadt wird sicher sein wie kaum eine andere Festung: Stützpunkt und Ausgangspunkt.
DE LA TOUR: So gesehen, sind die Strapazen, der Dreck, die harte Arbeit, die Plagen durch Ungeziefer im rechten Maß.
DU PLESSY: Habe ich von Anfang an gesagt! Es wird noch etwas dauern, aber dann!
DE VERDIÈRE: Dann können wir stolz sein! Stolz darauf, Miterbauer dieser Stadt gewesen zu sein! Männer der ersten Stunde!
DE LA TOUR: Dann wird der Ärger mit den Soldaten, die ganze Plackerei Vergangenheit sein. Vergessen!
DU PLESSY: Vergessen möchte ich nichts davon. Nur nicht noch einmal erleben! Aber in der Erinnerung ...
DE VERDIÈRE: Verklärt sich alles. Das könnte doch einer deiner Grundsätze sein, De la Tour!?
DE LA TOUR: Lacht nur über die Dichtkunst! Lacht nur! Sie wird euch überleben!

JJ LA GRANGE: Ich weiß es nicht mehr!
JOSEPH SAULNIER: Du kaufst einfach so? Du gibst dein Geld einfach so aus? Du weißt nicht mehr, was es gekostet hat?
JJ LA GRANGE: Langsam, langsam Saulnier. Du bist heute abend überhaupt

so gereizt! Nur die Ruhe! Nur ruhig Blut! Ich habe gesagt, ich weiß es nicht mehr so genau. Nicht mehr so genau.
JOSEPH SAULNIER: Also ungefähr? ...
JJ LA GRANGE: ... So in der Gegend
JOSEPH SAULNIER: Ich werde verrückt! Ich werde verrückt!
JJ LA GRANGE: Warum?
JOSEPH SAULNIER: Hast du es für den Preis bekommen, oder hast du gehandelt? Sag, hast du gehandelt?
JJ LA GRANGE: Klar! Ich versuche immer, zu handeln!
JOSEPH SAULNIER: Und ich Narr! Ich dummer Narr! Kaufe das so! Ich schlag ihn tot! Ich zerreiße ihn! Ich ...
JJ LA GRANGE: Ich handle immer. Nicht nur mit Juden. Immer. Das liegt bei uns in der Familie.
JOSEPH SAULNIER: Ich kann das nicht. Ich will einen Preis. Das ist gerecht.
JJ LA GRANGE: Wieso? Soll doch jeder handeln, wie er will! Zahlen, was er ausmacht!
JOSEPH SAULNIER: Ich schlag ihn tot! Das einzige Tüchlein dieser Art von hier bis Metz! Das einzige! Und ich Idiot falle darauf herein! Und teurer noch als deins! Ich mach ihn kalt. Diese Wanze! Dieses Geschmeiß!
JJ LA GRANGE: Reiß dich doch zusammen! Saulnier! Vergiß es! So teuer war es doch nicht!
JOSEPH SAULNIER: Das ist es nicht! Ich bin betrogen worden! Reingefallen! Angeschmiert! Ich bring ihn um!
JJ LA GRANGE: Schon gut. Du bringst ihn um. Damit hat sichs dann. Oder?
JOSEPH SAULNIER: Du mußt auch noch deinen Spaß mit mir treiben? He?
JJ LA GRANGE: Das nicht. Aber ich will in Ruhe den Kometen erleben!
JOSEPH SAULNIER: Der Komet! Der Komet! Als hätten alle einen Nagel im Kopf! Der Komet! Ich höre schon nichts anderes mehr. Als gäbe es nichts anderes mehr!
JJ LA GRANGE: Doch! Tüchelchen! Tüchelchen! *(Alle lachen. Außer Saulnier.)*
JOSEPH SAULNIER: Ihr lacht noch! Wenn ihr einen Toten an einem Tüchelchen aufgehängt seht, dann lacht ihr nicht mehr!
JJ LA GRANGE: Komm, jetzt hör auf! Hör auf! Es reicht!
JOSEPH SAULNIER: Es reicht nicht! Eben nicht! Ich finde ihn! Ich hänge ihn auf, wenn ich ihn noch einmal sehe!
JJ LA GRANGE: Dann häng ihn auf! Dahinten steht er. Da. Dahinten!
JOSEPH SAULNIER: Das darf nicht sein! Das ist nicht wahr! *(will sich auf*

den Juden stürzen, wird aber von den anderen Soldaten gehalten) Laßt mich! Laßt mich! Ihr Idioten! Ich bring ihn um! Ich häng ihn auf, den Jud! Ich häng ihn auf.

CERF WORMS: Dòò brauchschde aach nit wait ze gucke! Haschden geheeat?! Ich hängene uff! Ich hängene uff! Ich hängene uff de Jud! O Adonai! Was fiir en Unglick! Mia sin nòch nit dòò, dann geets schun loos! Warum? Warum?

HAYEM LEWY: Dòò bai de Soldaaten dääa? Dääa woo dòò schrait? Dääa hat das Diichelche, was ich im hait vakaaf han, in da Hand.

CERF WORMS: Das Diichelche? Was duu im hait vakaaf hascht? Hayem! O weh! Was hascht gemach! O daß de Hòòa kackscht! Hayem! Was nua! Saa!

HAYEM LEWY: Ich hans vakaaf. Iim nua vakaaf. Sunscht nix! Das is dòch nix fiia dòò O weh ze saan!

CERF WORMS: Wiivill vaan deene Diichelcha hascht duu dann hait vakaaf?

HAYEM LEWY: All. Soo Schdicka zwanzich.

CERF WORMS: Un all um ääne Preis?

HAYEM LEWY: Wii duu nua fròòscht! Duu wääscht dòch!

CERF WORMS: O weh! O daß de! O Adonai! Mia misse fòet! Mia han kään Blaiwes hii! O weh! Ich kennt dich graad!

HAYEM LEWY: Beruich dich dòch! Es is dòch nix! Dääa schrait halt mòòl e bisselche ... Sii hallne jò!

CERF WORMS: Wiilang? Fiia wiilang? Dann geets uns aan de Kraage!

HAYEM LEWY: O Dunna! Dääa macht sich los! Dääa kummt of äämòòl! O Adonai! Sack un Asch! Wääa ich dòch nua e Mickelche graad wai!

CERF WORMS: Das bischt duu ball! Das bischt duu ball!

HAYEM LEWY: Ich gen iims Gäld zereck! Ich gen iims Gäld zereck!

CERF WORMS: A kimmt! A kimmt! *(Beide schlagen sich in ihre Mäntel ein, um nichts mehr zu sehen, »sicher« zu sein)*

(JOSEPH SAULNIER hat sich losgerissen, läuft auf den Juden zu. Alle bewegen sich in Richtung Ereignis. Durcheinander. Da ruft plötzlich der kleine PIERRE DUMAS: Der Komet! Der Komet! Alle stehen erstarrt. Schauen nach oben. Da zieht er langsam feierlich, der Komet. Einen Augenblick Totenstille. Dann Durcheinander wieder. Klatschen. Bravo-Rufe. Glück! Glück! O Elend! O Adonai! Für eine gute Zukunft! Ach Elend!)

PATER RENARD: Ein Genie! Ein Genius! Ich habe es gewußt!
DE CHOISY: Segen für die Stadt! Glück für Saarlouis!
JEAN DUMAS: Reichtum! Glück! Großhandel! Unsere Zukunft!
PIERRE PASCAL: Unsere Zukunft! Auf die Partnerschaft!
FRAU DUMAS: Pierre! Philippe! Pierre! Philippe!
HAYEM LEWY: Soo ain Glick! Soo ain Glück!
CERF WORMS: O Elend! Elend! O weh! O waia! O Adonai!
THILMANN MERTEN: Scheen! Scheen! Waida soo! Waida soo!
SIMON SCHLINK: Net soo laut! Ma heat dich aach soo! Net soo laut!
JOHANN CORNEIL: Vielleicht wird doch noch alles gut! Aber meine Ahnung! Diese Bilder! Diese Bilder!
MARIE: Hoffentlich! Hoffentlich!
BABETTE: *(wirft ein Geldstück in die Luft)* Viel davon! Viel davon!
SOUZANNE: Und jung bleiben! Jung! Jung! Jung!
JJ LA GRANGE: Weiber! Halstücher und blanke Schwerter!
JOSEPH SAULNIER: Das war sein Glück! Das war sein Glück! Ich hätt ihn umgebracht!
DE VERDIÈRE: Freiheit! Männer! Langes Leben!
DU PLESSY: Wir sind die Zukunft! Wir!
DE LA TOUR: O vielfach gezackter Stern/Schlüssel und Klinke zugleich!
PHILIPPE DUMAS: Er ist weg! Der Komet ist weg! Weg!

(Dunkel.)

Bild 2

N ODER DER EWIGE ELENDE NARR

(Während im Hintergrund die Leute langsam weggehen, der GESTIRN-
TE NACHTHMMEL *sich hebt, steht vorne rechts neben einer schwarzen
Truhe N.*
*N öffnet die Truhe, beginnt, seine Kleider Stück für Stück auszuziehen.
Dabei spricht er.*
*Unter seiner Kleidung trägt er das Narrentrikot. Auf dem Trikot ein N im
Kreis.)*

N: Ich habe keinen Namen – im Stück. Ein Buchstabe. Ein beliebiger Buchstabe im Alfabet: N das heißt soviel wie Nichts. Das heißt Alles in Allem:

Erzähler
Entwickler
Erklärer
Verwirrer
Ober
Unter
Mittler
Vermittler
Beweger
Erreger
Macher
Verlacher
Frager
Beantworter
Führer
Verführer
Besänftiger
Aufrührer

Anmerker
Ausrufer
Überleiter
Untersteller
Störer
Verstörer
Lückenbüßer
und für die Lateiner:
Moderator
Provokator
Animator
Kommentator
Füller
Anzeiger
Aufzeiger
Berechner
Entwirrer
Verständiger

Lautsprecher	Fälscher
Ansager	Verdreher
Absager	Zusammenfasser
Außenseiter	Verweiser
Mitwisser	Beschwörer
Berichtiger	Verweigerer

Darsteller aber auch verschiedener Rollen zu verschiedenen Zeiten à la Mode: Nichts und Alles in Allem:
Der ewige elende Narr!

(Während im Hintergrund die Einzelbilder hereingeschoben werden und die Akteure sich auf die Plätze begeben, geht N zur weißen Truhe links und zieht sich zeitgemäß an/um.)

N: Die Zeit geht weiter in Saarlouis. Madame Dumas kann erhobenen Hauptes durch die Stadt gehen, ohne Angst, ihre Röcke im Dreck zu schleifen. Es gibt inzwischen gepflasterte Straßen. Pater Renard braucht auf dem großen Platz, der von allen nur noch la place genannt wird, nicht mehr »Dieser Morast! Dieser Morast!« zu jammern, der Platz ist fest gestampft. Rings um ihn haben die Platanen schon einige Winter überstanden und einige Frühlinge erlebt. Der König war da mit großem Gefolge, hat der Stadt die Ehre gegeben, Geschenke gemacht und 25 000 Francs gekostet. Eine Gedenkmünze wurde geprägt und ein Wappen entworfen. Das erste Kind, das in der Stadt geboren wurde, hat den Namen ihres Gründers bekommen. Es ist der kleine Louis Dumas. An den regelmäßigen Wochenmärkten füllt sich der Platz mit den Wagen der Bauern aus der Umgebung. In Baracken wohnt kaum einer noch. Sie sind größtenteils abgerissen und haben Kasernen und stattlichen Häusern Platz gemacht. Erster Bürgermeister ist Ferdinand Heil. Der Gerichtshof, nach Saarlouis verlegt, beschäftigt Rechtsanwälte, Notare, Schreiber und Dolmetscher. Die Chirurgen des Lazaretts, die Offiziere der Garnison, Zollbeamte, die reichen Kaufleute und die Juristen sind eine Clique für und unter sich. Zuzug von Leuten aus Roden, Wallerfangen, Lisdorf, Ensdorf, Fraulautern, Dillingen, St. Barbara, Metz, ganz Lothringen, dem Elsaß, der Schweiz und sogar Italien. Soldaten! Soldaten! Die Regimenter Navarra und Hamilton liegen in Saarlouis. Außerhalb geben die Regimenter Picardie, Beauvoisy und Dauphin neu-

en Dörfern ihren Namen. Die Gewerbeinnung ist mit ihren Zünften in die Stadt gezogen. Die Stadt lebt: Kaufleute, Händler, Trödler. Die Gerber, Tuchmacher, Sattler und Schmiede haben inzwischen noch mehr zu tun als die Maurer, Schreiner, Pflasterer und Fuhrleute. Am abend trifft man sich in den Gasthäusern und Kneipen. In Johann Corneils »Engel«, im »Croix d'or« oder im »Weißen Kreuz«, im »Goldenen Karpfen«, »zu den drei Lerchen«, im »Goldenen Adler«, im »St. Honoré« oder »Grand Louis« oder aber »Zum großen Barte«.
Choisys Weitblick bestätigt: Saarlouis ist eine lebendige Stadt geworden. Über Saarlouis steht die Sonne und wärmt. Drei Augenblicke daraus:
(N ab.)

Bild 3

DER FAMILIE DUMAS NACHTGEBET

(Familie Dumas am Abendtisch. Charlotte Dumas, Jean Dumas, – die Eltern – und die Kinder Pierre, Philippe und der kleine Louis. Vor dem Nachtisch. Pierre will gerade nach dem Konfekt greifen.)

JEAN DUMAS: Ein Moment! Ein Moment!
PIERRE und PHILIPPE: *(als wüßten sie was kommt)* Ach!
JEAN DUMAS: Wenn ihr es wißt, bitte! Wer fängt an?
PIERRE: *(sagt schnell auf. Kaum verständlich)* »Wir wollen außerdem, daß alle und jeder der Fremden, von welcher Nation sie auch seien, welche in der besagten Stadt bauen.«
JEAN DUMAS: *(unterbricht)* Ich habe kein Wort verstanden! Dabei ist jedes wichtig! Also:
PIERRE: *(betont jedes Wort. Sinnlos).* »Wir/wollen/außerdem/daß/alle/und/jeder/der/Fremden/«
JEAN DUMAS: Mit dem Konfekt wird das nichts heute abend. Ich sehe schon. Ich würde an deiner Stelle nicht lachen, Philippe! Du bist der nächste! Also:
PHILIPPE: »Wir wollen außerdem, daß alle und jeder der Fremden, von welcher Nation sie auch seien, welche in der besagten Stadt bauen und sich niederlassen wollen, um Handel und Gewerbe in Großem und Kleinem zu betreiben, für unsere wahren und natürlichen Untertanen zu halten vom Tage an, wo, wo, wo«
JEAN DUMAS: Pierre, kannst du ihm helfen?
PIERRE: Wenn ich sowieso kein Konfekt bekomme.
FRAU DUMAS: So hilf doch deinem Bruder! Wer weiß, vielleicht ...
PIERRE: »wo sie ihre Niederlassung in besagter Stadt beginnen werden, ganz genau«
JEAN DUMAS: Philippe!
PHILIPPE: »Ganz genau, ganz genau«

PIERRE: »Wie wenn sie von der Geburt aus unserem Königreich entsprossen wären und daß sie von selbst«
JEAN DUMAS: Philippe, nun?
PHILIPPE: *(hastig)* »Vorrecht, Freiheit und Unverletzlichkeit, wie sie unsere natürlichen Untertanen haben, genießen.«
JEAN DUMAS: Langsam! Langsam! Noch einmal!
PHILIPPE: »Vorrecht, Freiheit und Un und Un«
JEAN DUMAS: *(klopft ungeduldig auf den Tisch)*
PHILIPPE: »Un un« *(bläst die Backen auf)*
PIERRE: »Unverletzlichkeit«
JEAN DUMAS: Du warst nicht gefragt!
PHILIPPE: »Unverletzlichkeit, wie sie unsere natürlichen Untertanen haben, genießen, ohne daß« *(stockt)*
JEAN DUMAS: »Ohne daß, ohne daß *(klopft auf den Tisch)* ohne daß ...
PHILIPPE: *(zuckt mit den Schultern)*
JEAN DUMAS: *(nickt resigniert mit dem Kopf)* Meine Kinder! Meine Kinder!
FRAU DUMAS: Bitte, Jean, bitte! Übertreibe nicht!
JEAN DUMAS: Was heißt hier übertreiben?! Meine Kinder werden doch fähig sein, die wichtigsten Sätze, die unser König bezüglich unserer Stadt gesagt hat, auswendig zu können!
FRAU DUMAS: Aber doch nicht jeden Abend!
JEAN DUMAS: O doch! O doch! Damit sie wissen, wem sie alles verdanken! Damit sie es wissen! Es ist nicht viel, was ich verlange! Wirklich nicht! Aber das wenige solltet ihr können! Also:
JEAN DUMAS: *(groß und feierlich)* »Wir wollen außerdem, daß alle und jeder der Fremden, von welcher Nation sie auch seien« *(unterbricht)* Das ist für alle! Ihr sollt mitsprechen!
Also: *(jetzt alle)* »Wir wollen außerdem, daß alle und jeder der Fremden, von welcher Nation sie auch seien, welche in der besagten Stadt bauen und sich niederlassen wollen, um Handel und Gewerbe in Großem und Kleinem zu betreiben *(Jean Dumas stockt, da Pierre und Philippe kichern)* zu betreiben *(gibt Pierre und Philippe eine Kopfnuß)* zu betreiben, für unsere wahren und natürlichen Untertanen zu halten vom Tage an, wo sie ihre Niederlassung in besagter Stadt beginnen werden, ganz genau, wie wenn sie von der Geburt *(Jean Dumas stockt wieder, blickt strafend auf Pierre und Philippe, verteilt wieder Kopfnüsse. Die beiden heulen jetzt fast.)* wie wenn sie von der Geburt aus unserem Königreich entsprossen wären und daß sie von selbst Vorrecht,

Freiheit und Unverletzlichkeit *(jetzt schweigen Pierre und Philippe. Jean Dumas laut:)* und Unverletzlichkeit wie sie unsere natürlichen Untertanen haben, genießen, ohne daß sie dafür verpflichtet seien, andere Naturalitätsbriefe als die gegenwärtigen zu nehmen.« *(Eine Weile Stille. Dann:)* Kein Konfekt. Heute abend nicht. Ab ins Bett. Kein Konfekt!

Bild 4

FLÄÄSCH? FLÄÄSCH.

(Unter einer Laterne. Am Abend. Hayem Lewy und Cerf Worms.)

HAYEM LEWY: O Cerf! Ich hans! Ich hans!
CERF WORMS: Ai was! Soo uffgereecht?!
HAYEM LEWY: O Cerf! Das wäats! Ich wääß es! Ich hans soo em Gefiil!
CERF WORMS: Ai was dann? Saa dòch! Kumm!
HAYEM LEWY: Awa, es blaibt ganz unna uns!
CERF WORMS: Ich schwaije wii es Graab! Kumm, saa!
HAYEM LEWY: Ich heeren uff. Aus. Rapsekaada. Schluß. Nix me!
CERF WORMS: O Adonai! Dòòdefiia machscht duu wai soon Theater? Dòòdefiia schprengscht duu wai soo erum? Is das e Grund fiia Fraid? Ich wääß nit! Ich wääß es nit!
HAYEM LEWY: Ich heere uff un fange aan!
CERF WORMS: O Räätsel! Räätsel! Daß de Hòòa! Daß de!
HAYEM LEWY: Ich han genuch! Ich han genuch!
CERF WORMS: Duu hascht genuch vadiint? Genuch?
HAYEM LEWY: Ich han genuch vom Rumgelaafs. Met Diichelcha un Deescha, mit Nòòdele un Nääz! Ich han genuch!
CERF WORMS: Ai was! Un ässe, trinke, woone, woo?! Das kòscht dòch alles Gäld! Un wii!?
HAYEM LEWY: *(nimmt Cerf bei der Schulter)* Hall dòch mòòl Ruu! Ich heere uff – ich fange aan! Ai net, wii duu männscht!
CERF WORMS: Awa wii? Wii dann? Ich platze fascht! Ai saa dòch!
HAYEM LEWY: Alles mit de Zait! Ganz langsam, langsam.
CERF WORMS: Wai mach!
HAYEM LEWY: Ich blaiwe hii! Hii en de Stadt. Hii en Saarlouis.

CERF WORMS: O nää! Ach häälija Schdroosack duu! O nää!
HAYEM LEWY: Fia was dann nit? Fia was dann nit?
CERF WORMS: Dann gäbscht duu doot geschlaa!

HAYEM LEWY: Ai was! All Främde, woo hii säßhaft gen, dii han das glaiche Rächt! Da Keenich saats! Da Keenich! Ich holle in baim Wòet! Ich blaiwe hii!
CERF WORMS: O Adonai! Hayem!
HAYEM LEWY: Ich kaafe mia es Haus! Ich hans! Ich kammas kaafe!
CERF WORMS: Un dann? Un dann?
HAYEM LEWY: Kumm dicht! *(zieht ihn näher)* Dann mache ich e Laade uff!
CERF WORMS: *(schlägt die Hände über dem Kopf zusammen)* Hayem! Hayem! Dia is dii Sunn schaints hart uffs Hirn geschiin! E Laade?! Was fia ääna?
HAYEM LEWY: Ròòt mòòl! Kumm!
CERF WORMS: Ai Kläänzaich! Nääz un Schdoft un
HAYEM LEWY: Falsch!
CERF WORMS: Ai was dann sonscht?
HAYEM LEWY: Ròòt!
CERF WORMS: Klääda, Wäsch?
HAYEM LEWY: Falsch!
CERF WORMS: O daß de! Was dann sonscht?! Ai Hääring, Eel, Gewirz?
HAYEM LEWY: Duu ròòtscht es nit?
CERF WORMS: Nää. Ich gens uff!
HAYEM LEWY: Flääsch.
CERF WORMS: Was?
HAYEM LEWY: Flääsch! Flääsch!
CERF WORMS: O Dunnawädda! Daß mich da Blitz baim Kacke schlet! Flääsch? Flääsch saatscht duu?
HAYEM LEWY: Flääsch. Soo wii ichs saan. Das is es!
CERF WORMS: Duu bischt hait nit zuu lang im Haiße gang? Dii Sunn hat dia ins Hirn geschiin!
HAYEM LEWY: Flääsch. Ich saans nòch äämòòl. Machscht duu mit?
CERF WORMS: Ich? Duu männscht mich? Hii mich?
HAYEM LEWY: Dich, de Cerf Worms! Ich mache dich zum raichen Mann! Glaab mias!
CERF WORMS: Hall mich! Hall mich! Ich falle! O Adonai! Daß de! Das gäbt en Unglick! Vill! Ich siins!
HAYEM LEWY: Ich halle dich! Ich saan dia: Flääsch! Das isses! Mia handele mit Flääsch. Mia mache hii en Laade uff! E Schlächterai.

Bild 5

KREJCH

(Im Wirtshaus zum »Engel«. Hinter dem Buffet Johann Corneil, Babette und Marie. Am Buffet die Handwerker Thilmann Merten, Simon Schlinck und andere. An einem Tisch sitzen die Soldaten Joseph Saulnier, JJ La Grange und andere und würfeln. Souzanne sitzt auf Joseph Saulniers Bein. Sie hat sein Tüchelchen um.)

THILMANN MERTEN: *(zu Simon Schlinck)* Daß dau mòòl därfscht!
SIMON SCHLINCK: Sischt et jò.
THILMANN MERTEN: Daß dat daich lòßt!
SIMON SCHLINCK: Sischt et jò.
THILMANN MERTEN: Hauptsach et schdemmt hej! *(macht die Bewegung des Geldzählens.)* Dann sen se sefridden. Han aich et net gesaat? Han aich et dòòmòòls net gesaat? Mia gen nòch schdäänraich han aich gesaat. Un?

SIMON SCHLINCK: Na, ja, schdäänraich es äppes annaschdes. Dau villaicht. Dau, jòò.
THILMANN MERTEN: Wai saa nua, dia gäängt schlächt?! Wai saa nua!
SIMON SCHLINCK: Aich han fünf Kenna. Dòò get schon äppes drof!
THILMANN MERTEN: Dai aaijen Dommhät! Gäängschde òòwends foetgeen, soo wii aich! Et geft dòch Wetschafden genuch!
SIMON SCHLINCK: Dau hascht gutt schwätzen, dau bescht nòch ledich!
THILMANN MERTEN: Sälwa Schold! Sälwa Schold! Dii Sòrjen han aich net!
SIMON SCHLINCK: Dann hascht dau eewen anneren! Kään Minsch es frei davaan.
THILMANN MERTEN: Dòò haschde Rächt! *(Er schaut zu Souzanne, die immer noch bei Joseph Saulnier auf dem Knie sitzt)* Ä, Souzanne! *(Souzanne schaut nicht einmal)* Souzanne! *(hinter das Buffet zu Johann Corneil)* Dii lout net mòòl! Dii dräät net mòòl de Kòpp! Es dat awai dii nau Tuua?
JOHANN CORNEIL: Du siehst ja.
BABETTE: Wir sind doch auch noch da!
THILMANN MERTEN: Wail dat bai deem om Gäären huckt, kännt dat kään Lait me! Soo es dat! Waat nua! *(laut)* Souzanne! Ä! *(laut quer durch den Raum)* Kaum kommt ääna en Uniform, schon sen se foet! Wii romgedräät! Da Daiwel! Dii han dòch naischt em Henna! Wat han dii dann schon?! Kään rooden Saandim! Saan aich da! Dii sen dòch blank wiin Schbijel! *(holt Geld aus einem Beutel)* Je, Johann, zej mòòl nòch äänen fo uus hej aam Buffet! Fo all! Dääa Rächt es fo daich! Aich vaschdeen dat net! Wii kamma nua soo domm sen! Kainen rooden Saandim han dii dòch! Haut hej, mooa foet! Souzanne!
JOSEPH SAULNIER: *(der die Zeit über Thilmann Merten schon im Auge hatte zu Souzanne)* Was sagt er? Was?
SOUZANNE: Ich weiß nicht. Ich kann ihn nicht verstehen!
THILMANN MERTEN: Et kann maich net vaschdeen! Haschdet gehooat! Et kann maich net vaschdeen! All dii Daa lòò konnt et! Un wii! Dòò haddet maich vaschdann! Un net nua hej! *(er macht eine obszöne Handbewegung)*
JOSEPH SAULNIER: Was sagt er? Souzanne! Sag!
SOUZANNE: Blödsinn! Völliger Blödsinn!
THILMANN MERTEN: Soo! Bleedsenn es dat! Bleedsenn es dat! Dau wääatscht nòch Aauen machen! Dia wääaden de Aauen nòch iwageen! Komm dau nua nòch äämòòl!

JOHANN CORNEIL: *(will schlichten)* He Thilmann, trink doch! Laß die Frauen doch! Die sind doch wie das Wetter!
THILMANN MERTEN: Da Dunnawedda! Da Dunnawedda! Dat es mia schaißegaal! Kaum kommt soo en ròppija met da Uniform, dann sen mia abgemält!
SIMON SCHLINCK: Reech daich dòch net soo of!
THILMANN MERTEN: Wai sai dau rouich! Rouich! Aich wääß schon, wat aich saan!
JOSEPH SAULNIER: Wenn der Mann nicht ruhig ist, und weiter schimpft auf dich, dann hau ich ihm ins Maul!
SOUZANNE: Der beschimpft mich doch gar nicht!
JOSEPH SAULNIER: O doch! Ich habe verstanden! Ich verstehe schon was er sagt! Noch ein Wort, und ich schlage ihm aufs Maul!
THILMANN MERTEN: Haschdet gehooat?! A schlet ma of et Maul! A schlet ma of et Maul! Dat wääaden ma gesinn! *(Joseph Saulnier ist aufgesprungen, Thilmann Merten einen Schritt vorgegangen, Souzanne hinter das Buffet geflüchtet, Johann Corneil hinter dem Buffet vorgekommen zwischen die beiden.)*
JOHANN CORNEIL: Hier gibt es keine Schlägerei! Wenn ihr euch schlagen wollt, dann draußen. Aber das sage ich euch! Dann wart ihr das letzte Mal hier! Dann wart ihr zwei das letzte Mal hier.
THILMANN MERTEN: Wai hält dääa aach zu deenen! Gutt. Et es gutt!
JOHANN CORNEIL: Ich halte zu niemandem! Zu niemandem! Alle sind mir gleich lieb! Außer den Schlägern! Warum immer dieser Streit!? Einer lebt doch hier vom anderen! Oder nicht?! Es geht uns doch allen nicht schlecht! Jeder hat Geld genug, Arbeit, Unterkunft, Verpflegung! Es geht uns doch gut! Darauf wollen wir trinken! Auf mich! Auf euch! Auf die Stadt! Und auf den König!

(Alle klatschen. Getränke werden ausgeteilt. Simon Schlinck fängt an zu singen: »Krejch mißt et gen«. Die anderen Handwerker singen mit. Dazu stoßen sie die Gläser auf das Buffet. Plötzlich fangen auch die Soldaten an zu singen »Aupres de ma Blonde, il fait bon, fait bon, fait bon ...« Die beiden Gruppen versuchen, sich gegenseitig aus der Melodie, aus dem Rhythmus zu bringen, sich gegenseitig zu übersingen. Durcheinander.)

(Dunkel.)

Bild 6

Der Friede,
der Saarlouis Arme und Beine abschlug.

(N im Vordergrund in einem Lichtkegel)

N: Saarlouis blüht weiter auf. Im Mittelpunkt von 26 Städten und 1 650 Dörfern ist gut vorwärtskommen. Handel und Wandel *(N stockt, hört auf. Leiser Trommelschlag, dumpf, fern, im Hintergrund)* wären weiter, wären weiter *(N stockt wieder. Hört hin. Immer noch leiser Trommelschlag im Hintergrund)*, wenn nicht, wie immer, wenn cincr etwas habeıı will und auch der andere, Streit käme, Krieg. Frankreich marschiert. *(Trommel lauter)* Die deutschen Reichsfürsten verbünden sich. Und Spanien, England, Holland, Dänemark, Savoyen und auch Schweden schließen sich dem Bündnis an. *(Trommel laut).* Frankreich kämpft fast gegen ganz Europa. *(Trommel sehr laut.)* 9 lange Jahre bluten sie sich aus! *(Trommel bricht plötzlich ab.)* Saarlouis bleibt von dem Krieg verschont. Doch nicht vom Frieden. In Ryswick, 1697, tritt Ludwig XIV. Luxemburg, Saarbrücken, Mont-Royal und Lothringen sowie fast alle Reunionen wieder ab. Saarlouis behält er. Durch Artikel 32: »Die Vestung Saarlouis mit einem Umfange auf eine halbe Meil, wie solches von den Königlichen und Lothringischen Comissariis ausgesteckt werden soll, behält seine Allerchristlichste Königliche Majestät sich bevor, und selbe mit allem oberherrschaftlichem Rechte ewig zu besitzen.« Noch eben Mittelpunkt und voll in Blüte, macht dieser Friede Saarlouis zum Anhängsel, bedeutungslos. Enklave mit nur noch 7 Dörfern: Das ist der Ruin!
»Saarlouis ist eine arme, sozusagen ganz verlassene Stadt, ohne Verbindungen, den Handel, eingeschnürt von allen möglichen ausländischen Gebieten (Trier, Nassau, Deutschem Reich, den Schweden, Lothringen). Und ihre einzige Vergünstigung: zu leben von der Garnison. Das ist die Wirklichkeit, in die der Vertrag von Ryswick sie versetzt hat. Der Friede, der Saarlouis Arme und Beine abschlug!« Das schreiben die Bürger von Saarlouis in einer Privilegiendenkschrift.

(Dunkel.)

Bild 7

AUS DER TRAUM

(Im Haus Dumas. Eine brennende Kerze auf dem Tisch. Jean Dumas über den Geschäftsbüchern. Streicht an, streicht aus, Zahlen. Faßt sich an die Stirn. Rechnet, schreibt. Hält die Hand über den Mund. Sinnt nach. Schüttelt den Kopf. Stützt den Kopf in die Hände. Starrt geradeaus. Rechnet dann wieder. Legt den Kopf in den Nacken. Läßt ihn dann schwer nach vorn fallen in die Hände. So eine Weile. Frau Dumas kommt im Schlafgewand, eine Kerze in der Hand. Jean Dumas bemerkt sie nicht. So eine Weile.)

FRAU DUMAS: Willst du nicht schlafen kommen?
JEAN DUMAS: Ich kann nicht.
FRAU DUMAS: Versuch es doch! Komm, bitte!
JEAN DUMAS: Danke! Aber ich kann nicht.
FRAU DUMAS: So kann das doch nicht weitergehen! Ein Mensch muß schlafen!
JEAN DUMAS: Du siehst.
FRAU DUMAS: Eines Tages brichst du zusammen.
JEAN DUMAS: Ach, Charlotte, das hat noch lange Zeit bis dahin!
FRAU DUMAS: Jean! Schau mich an! *(er schaut sie an)* Wie du aussiehst!
JEAN DUMAS: Alt. Ich weiß. Komm her! *(Frau Dumas kommt. Jean Dumas umklammert seine Frau.)*
FRAU DUMAS: Jean!
JEAN DUMAS: *(läßt seine Frau los)* Schon gut. Geh doch ins Bett. Ich komme.
FRAU DUMAS: *(gibt ihm einen Kuß auf die Stirn)* Gut. *(sie geht)*
JEAN DUMAS: *(schaut ihr einen Augenblick nach. Schüttelt dann langsam den Kopf. Stützt dann den Kopf in beide Hände.)* Aus. Aus der Traum. Der Einsatz war zu hoch. Verloren. Alles verloren. Erledigt.

(Er schlägt die Bücher zu. Legt den Kopf darauf. Wird allmählich von einem Weinkrampf geschüttelt.)

(Dunkel.)

Bild 8

DAHÄM, WAS IS DAS?

(Straße. Unter einer Laterne. Hayem Lewy und Cerf Worms in ihre Mäntel gehüllt, kaum erkennbar.)

HAYEM LEWY: Ich hans gewißt! Ich hans gewißt! O Unglick! Wai is es dòò!
CERF WORMS: Hea uff! Hea uff ze jammere! Dii eewich Jammerai!
HAYEM LEWY: Is es nit wòòa? Saa sälbscht! Mia sin am Änn! Mia sin am Änn! Wii ich dòòmòòls deen Komet gesiin han! Dòò han ich gewißt: Unglick! E grooßes Unglick! All iwwa all fia uns!
CERF WORMS: Ai guck! Ai dòò! Wääa wollt dann hii e Haus han? Säßhaft gen? Ai ich? Ich nit!
HAYEM LEWY: Wai kumm duu aach nòch! Duu aach nòch!
CERF WORMS: Es is dòch wòòa! Geschdann sin ma graad hii! Wii duu gesaat hascht: E Geschäft! Es Flääsch! Es Flääsch!
HAYEM LEWY: Ai wòòas dann kään Geschäft? Es Flääsch?! Is uns nit gutt gang? Is alles dòch gelaaf aam Schniache!
CERF WORMS: Was jammaschde dann soo?
HAYEM LEWY: Das wääscht duu dòch genausoogutt wii ich! Was mache ma dann nua? Was mache ma dann nua? O Adonai! Imma uff Wanderschaft! Nii mòòl dahäm! Imma unnaweechs!
CERF WORMS: Hea uff! Ich saan da, hea bloos uff!
HAYEM LEWY: Duu wääscht dòch nix! Ich muß das saan! O wai! O Cerf! O daß de!
CERF WORMS: Was is dann? Saa!
HAYEM LEWY: Ich han e Zäddel fun.
CERF WORMS: Un? Was is?
HAYEM LEWY: Aan maina Diia!
CERF WORMS: Un was is drofgeschdann?
HAYEM LEWY: Nix.
CERF WORMS: Was solls dann? Nix.
HAYEM LEWY: Es wòòa bloos druff gemòòlt.

CERF WORMS: Was dann? Mach!
HAYEM LEWY: E Haus, das brännt! *(stockt)*
CERF WORMS: *(packt ihn, schüttelt ihn)* Un? Un?
HAYEM LEWY: E Galje.
CERF WORMS: *(läßt Hayem los, nickt langsam mit dem Kopf)*
HAYEM LEWY: Was soll ma duun?
CERF WORMS: Wäch, wäch! Soo schnäll wiis geet! Nua wäch!
HAYEM LEWY: Mai Haus? Mai Laade?
CERF WORMS: Wäch. O daß de! O wai! Warum? Imma, imma! Nii mòòl Ruu!
HAYEM LEWY: Hea mòòl! Sai mòòl ganz schdill! Heaschdes?
CERF WORMS: Glaas! Glaas is das! Kabutt geets!
HAYEM LEWY: *(fast tonlos)* Sarah! Moische! Mai Fraa, mai Kind!
CERF WORMS: Schdimme! Dòò sin Lait!
HAYEM LEWY: *(tonlos)* Mai Fraa, mai Kind!
CERF WORMS: Dii wärfe woo dii Finschtre in!
HAYEM LEWY: Mia misse fòet! Wäch! Duu hascht Rächt!
CERF WORMS: Wai is ze schbäät!
HAYEM LEWY: O Adonai! Aämòòl dehäm! Aämòòl! Schon widda fòet!
CERF WORMS: Dahäm – was is das?

(Dunkel.)

Bild 9

Eine Zeit wird kommen

(Im »Engel«. Trostlos. Johann Corneil hinter dem Buffet. Marie, ans Buffet gelehnt. An einem Tisch ein Soldat: Joseph Saulnier. An einem anderen Thilmann Merten. In der Ecke ein Alter. Eine lange Weile nichts, Johann Corneil schenkt sich nochmals ein.)

MARIE: Sie machen sich kaputt!
JOHANN CORNEIL: Was soll ich denn sonst machen?
MARIE: Sie geben zu leicht auf.
JOHANN CORNEIL: Ich gebe leicht auf.
MARIE: Es ist noch nicht aller Tage Abend!
JOHANN CORNEIL: Stimmt. Mir reicht der heutige!
MARIE: Es geht schon weiter.
JOHANN CORNEIL: Aber wie? Aber wo? – Hier ist es aus!
MARIE: Also.
JOHANN CORNEIL: Souzanne und Babette hatten Recht! Die sind früh genug gegangen. Warum bleibst du hier?
MARIE: Weil ich will.
JOHANN CORNEIL: Das ist keine Antwort.
MARIE: Ich bleibe, weil ich will! Mehr nicht.
JOHANN CORNEIL: Ich habe dich schon einen Monat nicht mehr bezahlt!
MARIE: Zu Essen und zu Trinken ist da. Wohnen kann ich hier. Kleider habe ich noch. Mehr brauche ich nicht.
JOHANN CORNEIL: *(nickt mit dem Kopf)* Manchmal möchte man es nicht glauben.
MARIE: Was?
JOHANN CORNEIL: Daß es Menschen wie dich gibt!
MARIE: Wieso?
JOHANN CORNEIL: Alle wollen doch nur Geld! Vorwärtskommen.
Und du sagst, es genügt dir, Essen, Trinken, Kleider und Wohnung zu haben.

MARIE: Mir reicht es.
JOHANN CORNEIL: *(schüttelt den Kopf)*
MARIE: *(zu Thilmann Merten)* Noch eins?
THILMANN MERTEN: *(schüttelt den Kopf)*
JOHANN CORNEIL: Den Soldaten brauchst du erst gar nicht zu fragen.
MARIE: Dann trinken sie eben nichts.
JOHANN CORNEIL: Das hier ist ein Wirtshaus. Wenn keiner trinkt, ist es aus damit. Das ist kein Wartesaal.
MARIE: Ja *(zieht das ja in die Länge)* aber ...
JOHANN CORNEIL: Ich weiß, Marie, am liebsten würdest du alles umsonst hergeben. Aber die Welt ist nicht so. Da kostet alles etwas. Für alles mußt du zahlen.

(Eine Weile Stille. In die hinein fängt der Alte in der Ecke an laut vor sich hin zu reden.)

DER ALTE: Eine Zeit wird kommen. Sehr laut wird es sein. Überall Menschen. Nichts wird mehr sein wie vorher. Die Kleinen werden über Nacht groß sein. Namen werden mit Blut geschrieben. Viel Blut, Stolz wird die Stadt sein. Alle werden schreien. Vor Freude, vor Schmerz. Lust und Haß werden feiern. Da gibt es keine Stille mehr. In allen Winkeln Ohren. Schön wird es sein und schrecklich. Da wird vieles herauskommen! Vieles dem Mutwillen unterworfen sein. Es werden neue Worte da sein, eine andere Sprache. Die Zeit wird mitspielen. Mit leisen Schritten zuerst. Dann laut. Das eine wie das andere. Wenn Menschen es in die Hand bekommen. Dann brennt der Schnee. Und die Glocken läuten Sturm, eh sie fallen. So wird es sein. Hier mehr als anderswo. Ich sehe es. So kommt es.

JOHANN CORNEIL: *(Nach einer langen Stille)* Gib ihm noch ein Glas!

(Dunkel.)

Bild 10

Verfällt in Elend, stirbt in Armut

(N vorne im Lichtkegel. Neben ihm der Trommler. Nach jeder Meldung kurzer Trommelwirbel.)

N: Verzeichnis mehrerer bemittelter Privatpersonen, die in Folge des Friedens von Ryswick teils auswandern, teils zu Grunde gehen:
»Mr. Saucanny, Advokat, verläßt Saarlouis in Ermangelung von Beschäftigung.
Mr. Bertin, Prokurator, desgleichen.
Mr. Navelle, Advokat, desgleichen.
Mr. Laurent, Prokurator, stirbt im Elende.
Mr. Dupin de Bellegard, Unternehmer der Fortificationsbauten von Saarlouis, verläßt die Stadt in Ermangelung eines weiteren Auskommens.
Mr. Thomassin, bedeutender Kaufmann aus Liège, stirbt im Elende.
Mr. Chatillon, Vater und Sohn, Kaufleute auf Montroyal, verfallen in Armuth.
Mr. Bonneau, Kaufmann aus Montroyal, stirbt in Armuth und seine Kinder sind genöthigt, sich zu Soldaten anwerben zu lassen.
Mr. Vauard, Kaffeehausbesitzer aus Landau, hat mehrere Häuser, die in der Folge von seinen Creditoren veräußert werden. Er selbst stirbt im Elende.
François, Kaffeehausbesitzer hatte sich ein bescheidenes Vermögen und ein großes Haus erworben, welches aber alles seinen Gläubigern zufällt.
Mr. Ponçelet, ein wohlhabender Gastwirth aus Wallerfangen, nachdem er in Saarlouis sein Vermögen nach und nach aufgezehrt hat, sieht er sich genöthigt, wieder nach Wallerfangen zurückzukehren, wo seine Kinder sich mit Mühe durchbringen müssen.
Mr. Menon aus Savoyen führt während der Jahre 1685 bis 1697 ein be-

deutendes Haus, allein sein Sohn verfällt der Armut und muß die Stadt verlassen.

Mr. Papigny, Königs-Prokurator, hatte ein ziemliches Vermögen, hinterläßt aber nach seinem Tode nur Schulden und zwei Söhne, wovon der eine gezwungen ist, in Militärdienste zu treten.

Mr. Dennoyer, Greffier auf dem Hotel de ville, stirbt im Elende.

Mr. Jean Darquereaux, bedeutender Gastwirth aus Montroyal, stirbt im Elend. Sein Haus wird von seinen Gläubigern verkauft.

Mr. Pierre Hein, früher reicher Gerber, hatte ein schönes Haus und viele Ländereien; stirbt und hinterläßt seine Frau und Kinder in der Noth.

Mr. Verdier, Gastwirth, stirbt trotz aller Anstrengungen im Elend.

Mr. Grimond, Notar, stirbt in Noth aus Mangel an Beschäftigung.

Mr. Rome, ein sehr gelehrter und beschäftigter Notar, kommt gänzlich in Noth und seine Frau sieht sich nach seinem Tode genöthigt, um Brod zu erhalten, einen Mäher zu heiraten.

Mr. Andre Bleu, einer der ersten Bürger, stirbt und hinterläßt seine Kinder als Arbeiter und Handlanger in der Umgegend der Stadt.

Michel Dupont, ein bedeutender Kaufmann. Nach seinem Tod verfällt seine Familie in das größte Elend.

Mr. Descanteaux, officier du Baillage, zieht nach Saargemines.

Mr. Signe, Kaufmann aus Montroyal, mit seinem Vermögen nach Saarlouis gekommen, stirbt im Elende. Mr. Huguenin, ein Lothringer, mit Vermögen hierhergekommen, Maire der Stadt, stirbt in Noth.

Mr. Heve, angesehener Hutmacher aus Wallerfangen, früher Maire, verfällt in Noth aus Mangel an Erwerb.

Mr. Corncille, ebenfalls aus Wallerfangen, früher Maire, mit bedeutendem Vermögen und mehreren Häusern, kommt gänzlich ins Elend.

Mr. Hayer aus Wallerfangen, ebenfalls Maire, Buchhändler en gros, besitzt drei Häuser in der Stadt, verfällt in gänzliche Armuth.

Mr. Ferdinand Heyl, erster Maire der Stadt, Kaufmann en gros, mit holländischen Waren, macht wegen Mangel an Geschäften Banquerott; seine Häuser und Güter werden von den Gläubigern verkauft.

Mr. Chedan aus Savoyen, bedeutender Kaufmann, verfällt ins größte Elend, seine Kinder werden Soldaten.

Mr. Guimbert, Gastwirth,

Mr. Lapierre, Gastwirth,

Mr. Johann Corneil, Gastwirth,
Mr. Cornisse, Gastwirth sterben ruiniert.
Mr. Gilles Hanson, Gastwirth aus Montroyal, mit bedeutendem Haus und Geschäft auf dem Platze, verfällt gänzlich in Elend.
Mr. Gebrüder Roupe, Mr. Gebrüder Gris, Mr. Fiche, Mr. Vallot, ehemalige Tuchfabrikanten, werden gänzlich ruiniert, ihre Kinder leben im Elend, Mr. Pierre Heine, Mr. 3 Gebrüder Weber, Mr. 3 Gebrüder Stein, Mr. Jaques Michel, Mr. Schauster, Gerber, ruiniert, sterben in Armuth.
Mr. Drouin, Greffier, stirbt in Armuth, Mr. Martin, Marchand de Vie, stirbt im Elend, Mr. Plessis, Huissier, do., Mr. Beaufort, Huissier, do. 4 andere Huissiers leben in äußerster Not.
Mr. Burnare, Hauseigenthümer und Besitzer einer Meierei, stirbt in Armuth.
Mr. Payen, Kaufmann aus Rouen, hatte mehrere Häuser, läßt seine Frau im Elend zurück, seine Kinder werden Soldaten.
Mr. Jean Dumas, Kaufmann en gros, verfällt gänzlich in Elend.
Mr. Paul Boucher, Weinhändler, en gros, früher Maire, stirbt in zerrütteten Verhältnissen.
Mr. Vincent, früher Maire und Kirchenschöffe, Hauseigenthümer und Besitzer einer Herrschaft, zieht von hier fort.
Mr. Cavanne, Weinhändler, besitzt ein großes Haus auf dem Platze, verläßt Saarlouis aus Mangel an weiterem Auskommen.
Mr. Petit, Tuchhändler en gros, verfällt in Elend.
Mr. Seve, Kaufmann, verfällt ins größte Elend, man nimmt ihn aus Mitleid in die Kaserne auf.
Mr. Demaillet, sehr bemittelter Bürger, stirbt als Bettler.
Alle Perrückenmacher, 16 an der Zahl, leben in größtem Elend.
Von den 40 Metzgermeistern können sich kaum 5 bis 6 halten. Die übrigen verarmen gänzlich und verlassen zum größten Theile die Stadt.
Von den 40 Schneidern leben kaum 10 von ihrer Profession.
Von den 30 Gerbern bleiben noch 10 übrig, die arbeiten, der Rest bildet die Arbeiter der anderen.
Von den 40 hier ansässigen Schustern sind kaum noch 6, die hinreichend Verdienst finden, die übrigen wandern zum Theil aus, theils suchen sie beim Militär Beschäftigung zu erhalten.
Die Zunft der Tuchmacher, eine der bedeutendsten, ist bis auf 12 zusammengeschmolzen und nur zwei halten sich noch, die übrigen arbeiten als Taglöhner und Wollspinner.

Fast 3/4 aller Einwohner geht in die Fremde. Die Stadt wird leer. Das zu verhindern, müssen die Bewohner der Festung Montroyal, nach dem Frieden von Ryswick dem Erdboden gleichgemacht, sich in Saarlouis ansiedeln. Die Garnison Saarlouis, nun zehn Wegstunden von der Grenze Frankreichs weg, wird verstärkt. Einmal zum eigenen Schutz, zum anderen als »Mittel zum Unterhalt der Bevölkerung«. *(Trommelwirbel, der anschwillt.)*
Als der Krieg von neuem ausbricht. *(Trommelwirbel hört plötzlich auf.)* Wer bekommt Spanien? Europas Fürsten fürchten Frankreichs Übergewicht und treten auf die Seite des Kaisers gegen Frankreich. Malborough zieht mit einem Heer aus Engländern, Dänen und Holländern gegen die Franzosen. Diesmal geht der Krieg nicht an Saarlouis vorbei. Malborough belagert Saarlouis. Vergeblich. Die Festung ist nicht einzunehmen. Der Krieg geht weiter. 13 Jahre Blutvergießen. Alles Blutvergießen ist umsonst. Nach all den mörderischen Kämpfen kein Stück weiter als vor dem Ausbruch. Das Land ist gänzlich erschöpft. Auch Saarlouis ist am Ende. *(Der Trommler geht ab.)*
»Arm und von allen Mitteln entblößt, abgesondert und verlassen, durch die dringendsten Verhältnisse in seinen Privilegien erschüttert, hartnäckig dieselben verteidigend, und nur ihrer betrübten Lage und des Königs Gnade das Aufrechterhalten derselben verdankend, verfällt nun Saarlouis in vollständiges Siechtum. Der Handel, der nur noch Kram genannt werden kann, Industrie und Gewerbe, in ihrer Basis gänzlich erschüttert, verfallen um so mehr, als Saarlouis keinen Platz mehr bilden kann, der von Fremden besucht, und dessen Märkte von Abnehmern gefüllt sind. Auch Geist und Gemüth müssen unter den harten Schlägen des Schicksals leiden. Früher einem jeden gerne und bereitwillig Aufnahme in den Mauern bietend, erheben sie von nun an Schwierigkeiten, wenn sie anderen das gewähren sollen, was sie als ihre Nahrungsquelle, als ihr Eigentum betrachten. Deshalb ist die vom König verordnete Ausweisung der Juden aus Saarlouis und seiner Bannmeile vielen Bürgern sehr willkommen.« Am 1. September 1715 stirbt Ludwig XIV. In Saarlouis feiert man ein Totenamt, und 40 Tage lang betet man in der Kirche für die Ruhe des Verstorbenen.
1766 stirbt Stanislas, König von Polen und Herzog von Lothringen. Lothringen fällt nun an Frankreich. Saarlouis ist jetzt nicht mehr vom Mutterland getrennt. Keine Enklave mehr. Jetzt, wieder mitten in einem Gebiet, das früher größtenteils zu ihrem Bezirk gehört hat, will man

wieder die alten Rechte: Mittelpunkt zu sein. Aber den Ansprüchen wird nicht genügt. Comissionen auf Comissionen werden nach Versailles geschickt, einflußreiche Personen für das Interesse der Stadt gewonnen, nichts. Auch zwanzigjähriges Bitten hilft da nichts. Trotz aller Wünsche bleibt Saarlouis auf dem Punkt stehen, den es seit 70 Jahren innehatte. Im Gegenteil: Saarlouis wird der Baillage von Bouzonville zugeteilt. »Diese Ungerechtigkeit, verbunden mit dem allmählichen Eingreifen in alle Freiheiten und Privilegien hatte den Geist der Einwohner nicht wenig verbittert ... Man kann sich denken, daß bei solchen Verhältnissen der Zustand der Gemüther keineswegs beruhigt, wohl aber unwillkürlich einer Gärung zugeführt wird, die dann bald ausbrechen soll.. .«

(N geht von der Bühnenmitte nach rechts zur schwarzen Truhe. Beginnt, sich auszuziehen. Währenddessen wird im Hintergrund der CLUB aufgebaut. Die Personen nur im Schattenriß. Leise. Erst nur wenige, dann mehr. Sie gruppieren sich. Ein Redner auf dem Podium. Gestik seiner Rede. Gestik auch aus dem Auditorium. Gemurmel. Später sind einige Stichworte aus der Rede und den Zurufen/Zwischenrufen zu verstehen: »Freiheit, Gleichheit, Nieder, das Volk, der König, endlich, das Volk, die Gosse, ungehörig, Gefahr«, so daß, wenn volles Licht auf den Club fällt, nicht unvermittelt der Tumult beginnt, sondern von den Augen her schon vorbereitet ist. N öffnet die schwarze Truhe, wirft die abgelegten Kleidungsstücke hinein. Er zieht den reichbestickten Rock aus, wirft ihn in die Truhe, dann die Weste.)

N: Die Zeit ist reif. Die Lunte glimmt. Das Maß ist voll. Ein Tropfen noch, das Faß läuft über. *(Er setzt sich auf den Truhenrand, zieht die Schnallenschuhe aus, die Seidenstrümpfe.)*
Im Juli 1788 verjagt in Saarlouis eine Volksmenge die Beamten der Tabaksrevision. Im Oktober vertreiben Aufständische die Steuer- und Zollbeamten und reißen die Büros der Steuerbeamten an den Stadttoren nieder.
(Er zieht das Rüschenhemd aus, in die Truhe.) Kurz darauf tritt der Stadtrat zurück »weil er dem Geist der Einwohner nicht mehr entgegenwirken, die Excesse nicht mehr verhüten könne, die täglich vorkämen und die stets gegen die Verordnung und seine Autorität gerichtet seien.«
(Er streift jetzt die Kniehosen, die culottes, ab. Reißt sich die Perücke vom Kopf, wirft sie in die Truhe, schüttelt die Haare frei.) Am 14. Juli fällt in Paris die Bastille!

(N geht zur weißen Truhe hinüber, öffnet sie, nimmt jetzt von da seine Kleidungsstücke. Zuerst die Langhose, blau-weiß-rot gestreift, zieht sie an.)
Im August werden die Privilegien der Stadt Saarlouis aufgehoben. An ihre Stelle tritt das allgemeine Gesetz, das die Franzosen vereint.
(N zieht Wollsocken an die Füße, dann Holzpantinen an.)
Anfang 1790 wird Saarlouis Hauptort des District de Saarlouis. Seine Jurisdiction erstreckt sich auf neun Kantone. Aus der früheren Militz wird die Nationalgarde formiert.
(N zieht ein weites, weißes Hemd an und ein rotes Halstuch darauf.)
Im Juni kommt es zwischen Soldaten der Regimenter Nassau und Aquitaine zu einem heftigen Handgemenge wegen Verschiedenheit der politischen Meinung. Dabei gibt es Verletzte und einen Toten. Beide Regimenter greifen zu den Waffen, stürmen das Arsenal um Munition, stellen sich überall auf dem Platz und in den Straßen auf. Ein Gemetzel kann nur durch das Eingreifen des Cavallerie-Regiments verhindert werden. Um Saarlouis vor Mord und Brand zu schützen, müssen die beiden Regimenter in andere Städte verlegt werden.
(N zieht den langen, ungestutzten Rock über.)
Im August revoltiert das Regiment Picardie, setzt seine Offiziere fest und verlangt den rückständigen Sold. Das ganze Regiment steht unter Waffen und »findet sich erst dann bereit zu Gehorsam, wenn der Sold gezahlt sei.«
(N steckt sich die Kokarde an den Rock.)
Ende August bricht ein Aufruhr unter Soldaten und Bürgern aus. Ein Major, immer noch Anhänger des Alten Regimes, reißt dem Soldaten Froment vom Regiment Royal Liègois die dreifarbige Kokarde der Nation, die dieser sich an die Uniform geheftet hatte, ab und tritt sie mit Füßen, läßt Froment in den Kerker werfen und ihm zweihundert Stockhiebe geben. Als dieser Vorfall in der Stadt bekannt wird, zieht die aufgebrachte Volksmenge vor die Kaserne, befreit Froment, verbündet sich mit den Soldaten und will den Major lynchen. *(N setzt sich die phrygische Mütze, die Jakobinermütze, auf.)*

(Ab »Im November 1791 ...« langsam Licht auf den Hintergrund. Auf das Stichwort »Horrassa und Schnabeliener« bricht im Hintergrund der Tumult los.)
Im November 1791 wird in Saarlouis der erste revolutionäre Club gegründet. Versammlungssaal: das Refectorium des Augustinerklosters.

Parteien bilden und bekämpfen sich. Zwei dieser Parteien, die sich schroff gegenüberstehen, ragen unter den anderen hervor: die einen, entschieden revolutionär, republikanisch, radikal, die anderen monarchistisch noch, gemäßigt fortschrittlich. Die Saarlouiser haben schnell Namen für sie:
Horrassa und Schnabeliener!

(N ab.)

Bild 11

HORRASSA UND SCHNABELIENER

(Im Club. Rednerkanzel. Im Hintergrund groß die Bilder von Rousseau, Voltaire und Mirabeau, eingerahmt von Trikoloren. An der Rednerkanzel ist unter gekreuzten Dolchen ein Bild der Erklärung der Menschenrechte angebracht. Über den Köpfen von Rousseau, Voltaire, Mirabeau hängen Spruchbänder: In Tyrannos! Gleichheit! Freiheit! Soeben ist ein Horrassa, der Radikale Frantz in einem scharlachroten Gewand auf der Rednerkanzel. Seine Anhänger feiern ihn.)

FRANTZ: Ist das der Geist der Revolution, der Geist der Erneuerung, daß immer noch Pfaffen im Heer das Wort führen dürfen? Daß die Herren Offiziere immer noch wie die Hähne stolzieren, ihre Achselstücke vorzeigen? Ist das der Geist der Gleichheit, daß immer noch Adlige die Soldaten befehlgen? *(Gejohle und Trampeln.)* Nein sage ich, nein, nein, nein! Dafür ist das Volk nicht auf die Straße gegangen, starben tausende im Hagel der Geschosse! Nein, das ist nicht der Geist der Revolution! Deshalb fordern wir: die Pfaffen aus der Armee! Runter mit den Achselstücken der Offiziere! Kein Adliger mehr Soldat! Und was den König angeht, so geben wir ihm den Rat, auf den Thron zu verzichten! *(Pfiffe und Gejohle von seiten der Schnabeliener, Bravo von den Horrassan)* Zu verzichten, oder die Unabhängigkeit der Nation, die ihn darauf erhoben hat, mit aller Kraft, selbst mit seinem Blut zu verteidigen! Wir fordern ihn auf, seinen Entschluß ja nicht durch Personen des anderen Geschlechts *(Zwischenrufe, Lachen)*, die Gemäßigten *(Buh-, Pfui-Rufe der Schnabeliener)* oder der Pfaffen beeinflussen zu lassen! Es lebe das freie Volk! Freiheit! Gleichheit! Es lebe die Revolution!

(Tumult, Gejohle, Sprechchöre, als Frantz abgeht. Jetzt tritt ein Schnabeliener auf die Rednerkanzel. Schon vorher Pfiffe, Pfui-Rufe, Sprechchöre gegen ihn.)

SCHNABELIENER: Mitbürger! Mitbürger! *(Er kommt nicht weiter, der Tumult ist zu. stark. Er schüttelt den Kopf, wartet bis weniger Lärm ist.)*

Mitbürger! Jeder Schritt weiter wäre ein Unheil und eine Schuld! Ein Schritt weiter in Richtung der Freiheit wäre Vernichtung des Königtums, in Richtung der Gleichheit Vernichtung des Eigentums *(Zwischenruf: Wessen? Wessen?).* Jede Verlängerung der Revolution ein Verhängnis! *(Bei den letzten Worten ist der Tumult so stark, daß der Redner sie mehrmals wiederholen muß.)* Revolution ein Verhängnis! Verhängnis! *(Er kann nicht mehr weiterreden. Schüttelt den Kopf, macht eine resignierende Armbewegung, geht ab.)*

(Jetzt Rufe: Frantz! Frantz! Frantz! Dann übergehend in Sprechchöre: Frantz! Frantz! Frantz! Frantz tritt unter stürmischem Beifall wieder auf die Rednerkanzel.)

FRANTZ: Mitbürger! *(Er wehrt den Beifall ab.)* Mitbürger! Ihr habt es gehört! Jede Verlängerung der Revolution ein Verhängnis! Ihr habt es gehört! Vernichtung des Eigentums! Wessen Eigentums? Meines nicht! Nein! *(Stürmischer Beifall.)* Mitbürger! Mit gedrechselten Reden versuchen sie euch Angst einzujagen! Angst vor der Freiheit! Die Zukunft in düsteren Farben zu malen! Schlimmer als die Vergangenheit kann die Zukunft nicht werden! Mitbürger! Ablenkungsmanöver! Alles, um euch von den wahren Problemen abzulenken! Und es gibt Probleme! Hier! Hier bei uns! Denn die Feinde der Revolution haben durch eine Reihe perfider Verschwörungen die Lebensmittel und Warenpreise derart in die Höhe getrieben, daß sie sich bereits in der Hoffnung wiegen, den stolzen Bau der Freiheit und Gleichheit unwiederbringlich umzustürzen *(»Nieder mit ihnen, nieder!« – Zwischenrufe.)* Aber der Nationalkonvent, allezeit auf der Hut, die Komplotte der zahlreichen Verschwörer zu vereiteln, die der Republik den Untergang geschworen haben, hat beschlossen, für alle Nahrungsmittel und Gegenstände des täglichen Gebrauchs Höchstpreise festzusetzen. *(Beifall, »Bravo! Bravo! Es lebe der Nationalkonvent!«)* Indessen, Mitbürger, ihr würdet alle diese weisen Maßnahmen für das Wohl des Vaterlandes unwirksam machen, ihr würdet den Plänen der Gegenrevolutionäre nachdrücklich Vorschub leisten, ihr selbst würdet Vaterlandsverräter sein, wenn ihr euch auf unredliche Weise oder sonstwie mit den lebensnotwendigsten Dingen versorgen würdet. Der Arme, der keine Vorräte hätte sammeln können, würde durch euch bald gezwungen sein, entweder Hungers zu sterben, oder euch zu nötigen, mit ihm die von euch sträflicherweise gehamsterten Dinge zu teilen! Dieser wertvolle Teil der Nation, der so-

viel unter den verschiedensten Gewaltherrschaften hat leiden müssen, die jahrhundertelang ihn unterdrückten, der die glückhafte Revolution vollbrachte, die euch allen zugute kommt, euerm Rechte, eurer Würde, würde in die Zwangslage versetzt, entweder euch zu vernichten oder alsbald seine Ketten wieder auf sich zu nehmen. *(Gejohle, Getrampel, Pfiffe, Klatschen.)* Durch Anstehen vom frühen Morgen bis in die späte Nacht sorgt ihr für die Leerung der Lager und Läden oder veranlaßt die Kaufleute, nicht mehr zu verkaufen, indem ihr ihnen einblast, die Menge der Käufer erschöpfe den Warenbestand. Dürfen Vaterlandsfreunde sich so aufführen? Könnt ihr wirklich einen Mangel befürchten, da doch der Höchstpreis auf ein Jahr festgesetzt ist, da jede Ausfuhr bei Todesstrafe verboten ist, da endlich der reiche Boden der französischen Republik viel mehr Lebensmittel aller Art hervorbringt, als ihre Bewohner verbrauchen können! Würdet ihr es wie die geizigen und verkommenen Winzer machen wollen, die die Ernte lieber völlig vernichten statt sie aufzubewahren? Zweifelt nicht, Mitbürger, daß derartige Machenschaften bald zu einem völligen Mangel bei uns führten und daß die Republik alsbald wie ein Mann für diese neuen Frevel Rache nehmen würde! Die Aristokratie rechnet mehr mit dieser Krise als mit den Sklavenheeren, die von den Tyrannen auf uns gehetzt werden! *(»An die Laterne! An die Laterne!« Zwischenrufe.)*
O ihr Krieger, deren wunderbare Tapferkeit die Sache der Freiheit und Gleichheit so herrlich triumphieren ließ, würdet ihr den unsterblichen Ruhm, mit dem ihr euch bedeckt habt, dadurch beflecken, daß ihr das geheiligte Gebäude wieder zerstört, das ihr mit eurem Blut gekittet habt? Nein, euer feuriger Mut ist uns eine sichere Gewähr eurer Bürgertugenden. Die Habsucht wird unsere tapferen Krieger noch weniger unterkriegen als die Horden der Despoten, die vor ihnen wie die Hasen fliehen! Wehe denen, die aus Habgier einen Teil ihrer Waren dem Verkauf entziehen würden, wehe dem der dabei Hehler wäre! Wir werden die äußerste Strenge diesen widernatürlichen Geschöpfen gegenüber verlangen und deren Anzeige und Verfolgung uns zur Pflicht machen! Mit einer einzigen Handbewegung wird das Volk seine Feinde hinwegfegen, wenn es will! *(»Bravo!« Getrampel. Alle, außer den Schnabelienern, die unter Protest den Saal verlassen, stimmen jetzt in Hoch-Rufe, »Es lebe das Volk-«Rufe ein. Dann singen sie Ça ira. Verlassen damit den Club.)*

(Dunkel.)

Bild 12

Ein Fest? Ein Fest.

(Früher Morgen. Der Radikale Frantz kommt mit einer Papierrolle unter dem Arm auf den Platz. Er geht in Gedanken. Mitten auf dem Platz bleibt er stehen, entrollt das Papier, schaut darauf. Dreht sich dann zur linken hinteren Ecke des Platzes, geht dorthin. Bleibt stehen, schaut auf den Plan, dann über den Platz. Geht dann den Platz im Karree ab, bleibt an den Ecken stehen. An der vorderen linken Ecke des Platzes schaut er wieder in den Plan, geht dann diagonal auf die rechte hintere Ecke zu, bleibt kurz davor stehen, markiert ein Viereck, geht zurück zur linken vorderen Ecke, läuft dann auf die markierte Stelle zu. Geht von der markierten Stelle nach links zur Bühnenmitte, bleibt stehen, schaut hoch, nickt. Geht dann diagonal zur vorderen rechten Ecke des Platzes, bleibt stehen, schreitet dann langsam bis kurz vor die linke hintere Ecke, markiert, breitet dann die Arme aus nach oben, dann zeigt er mit der Papierrolle nach oben, deutet Vierecke in die Luft, nickt zufrieden, vergleicht mit dem Plan. Lacht kurz auf. Geht in die Mitte des Platzes, dreht sich langsam einmal um sich selbst, nickt. Jetzt kommen die anderen Horrassa in kleinen Gruppen oder allein: Andre Lémoine, Frédéric Barrault, Gérardy, Philippe Anheiser, Jerome Leroy, Jean-Pierre Barrault, Charles-Gaspard Deysing, Libre Hennequin, Nicolas Canné, Nicolas Boulay, Jean-Pierre Beaumont, Henri Eckard. Sie gehen auf Frantz zu, begrüßen ihn lebhaft. Frantz rollt den Plan auf. Die Horrassa wollen den Plan einsehen, Frantz schiebt sie aber beiseite, geht zur vorderen Bühnenmitte, dreht sich:)

FRANTZ: Ist alles vorbereitet?
GÉRARDY: Vorbereitet. Schon gestern abend.
FRANTZ: Gut. Also dahinten *(zeigt in die rechte hintere Ecke des Platzes)* wird die Guillotine aufgebaut. *(Plötzlich Stille. Kurz nur. Dann Lachen.)*
LEMOINE: Die Guillotine? Die Guillotine? *(Alle lachen)*
FRANTZ: Die Bastille! Ich habe die Bastille gemeint! Aber die ist auch gefallen. Wie ein Kopf. Unter dem Fallbeil Volk! *(Bravo-Rufe)*
FRANTZ: Also die Guillotine. *(Er stampft mit dem Fuß ärgerlich auf.)* Die

Bastille! Die Bastille! Bringt sie! *(4 Jakobiner ab. Schieben einen Wagen herein, noch mit einer Plane bedeckt. Sie bleiben einen Augenblick stehen, dann reißt einer der vier die Plane ab. Die Bastille en miniature ist zu sehen. (Bravo-Rufe. Klatschen)* Gut. Gut. *(Die vier haben sich hinter der Bastille versteckt, sind nicht mehr zu sehen. Die anderen Jakobiner, mit Ausnahme von Frantz, der in den Plan schaut, stürmen plötzlich mit Gewehrgeräuschen, Kanonendonner und Rufen, Geschrei die Bastille, die von den vier verteidigt wird, bis sie fällt, dh die Scharniere die Bastille umkippen lassen. Jubel. Geschrei.)* Kinder! Wie die Kinder! *(Frantz schüttelt den Kopf.)* He, he! Wir haben nicht viel Zeit! Bis die Bürger aus den Betten sind, muß alles stehn! Der Freiheitsbaum dort! *(Er zeigt zur Bühnenmitte. Alle Jakobiner ab außer Frantz. Sie kommen mit dem Freiheitsbaum zurück, tragen ihn an den bestimten Platz, wollen ihn aufstellen.)* Moment! Moment! Er muß noch geschmückt werden! Wollt ihr ihn so aufstellen, ohne Bürgerkrone, Bänder, Kokarden, die Jakobinermütze? *(4 Jakobiner kommen mit einem großen Sack, aus dem sie das Gesagte herausnehmen, an dem Baum befestigen.)* He, Leroy, deine rote Mütze noch auf die Spitze! Ein Freiheitsbaum ohne Freiheitsmütze! Komm Leroy, zier dich nicht so! Du bekommst eine neue! *(Jetzt, so geschmückt, stellen sie den Baum unter Anfeuerungsrufen, Lachen und Fluchen auf. Gehen dann wieder zu Frantz.)* Der Altar. Dorthin. *(Frantz zeigt auf die linke hintere Ecke. 6 Jakobiner nach links ab, kommen mit dem Altarwagen, auch er bedeckt. Einer reißt die Plane herunter und der vaterländische Altar ist zu sehen.)* Den Sessel auf den Altar! Dann die Trikoloren auf beide Seiten! *(Es wird gemacht)* Habt ihr die Decke vergessen? He, Canné, du warst dafür verantwortlich!

CANNÉ: Ich hab sie dabei. Ich hab sie. *(Legt sie über den Altar. Frantz betrachtet alles. Vergleicht mit dem Plan.)*

FRANTZ: He, Frédéric, Jean-Pierre *(als Jean-Pierre Beaumont kommt.)* Nein, ich meine die Barraults! *(Frédéric und Jean-Pierre Barrault stehen jetzt bei Frantz. Sie flüstern, dann gehen die beiden Barraults ab.)*

HENNEQUIN: Was habt ihr zu flüstern?

FRANTZ: Überraschung. *(Alle schauen jetzt in die Richtung, aus der die Barraults kommen müssen. Die haben ein großes verdecktes Schild auf zwei Stangen dabei, das sie hinter dem vaterländischen Altar aufstellen.)*

HENNEQUIN: Parolen? Ein Schild mit Parolen? Und dafür die Geheimnistuerei?

FRANTZ: Abwarten, abwarten! Holt die anderen Plakate und Spruchbänder. *(Die Spruchbänder werden von oben herabgelassen. Unter Anweisungen von unten: »zu hoch, zu niedrig, gut so«. Dann die Bildnisse: Groß die Köpfe von Marat, Danton und Robbespierre. Jeder Kopf wird mit Beifall begrüßt.)*
ALLE: Hoch Danton! Hoch Robbespierre! Hoch lebe Marat!
DEYSING: Marat ist tot.
FRANTZ: Und? Hoch soll er leben! Er soll leben! Hoch! *(Alle stimmen ein.)*
FRANTZ: *(Schaut wieder in die Runde, daß nichts fehlt. Liest laut die Sprüche auf den Plakaten und Spruchbändern.)*
»Unité, Liberté, Egalité!«
»Indivisibilité de la République!«
»Fraternité ou la mort!«
»Le citoyen nait, vit et meurt pour la patrie!«
BOULAY: Bürger Frantz! Es fehlt noch die Trage! Die Trage!
FRANTZ: Stimmt!
ANHEISER: Sie ist aber fertig.
FRANTZ: Dann bringt sie her! Bringt sie! Wer war dafür verantwortlich? He, Gérardy ich glaube …
GÉRARDY: *(schreckt auf)* Ja, ja, sofort! Ich brauche einige Leute! *(Mehrere Jakobiner ab mit Gérardy. Sie kommen mit der Trage für die Göttin der Vernunft zurück. Bleiben unschlüssig, wohin damit, stehen.)*
FRANTZ: Neben den Altar! Neben den Altar. Ja. *(Sie stellen sie dort ab. Kommen zu Frantz.)* Ich glaube, das ist alles. was wir im Augenblick tun können. Vergeßt bitte nicht die Gewehre, Böller, Weihrauch, Blumen! Jeder weiß, was er zu tun hat. Wir haben es oft genug besprochen, geprobt. Also.
BEAUMONT: Bürger Frantz, meinst du, es kommen viele?
FRANTZ: Alle. Es werden alle kommen. Ohne Ausnahme. Es sei denn, er sei ein Feind der Republik. *(Beifälliges Gemurmel)* Also? *(Sie verabschieden sich, gehen auseinander.)*

Bild 13

Das grosse Fest

(Langsam wird es heller auf dem menschenleeren Platz. Auf einmal Glockenläuten, Böller, Flintenschüsse, Rufe, Parolen:) »Nieder die Tyrannen! Tod der Aristokratie! Tod den Tyrannen! An die Laterne! *(Jetzt auch Trommeln)* Stürmt die Bastille! Auf zur Bastille! Die Bastille! Stürmt die Bastille!« *(Eine Menschenmenge bricht auf den Platz in Richtung Bastille. Von dort Schüsse. Pulverdampf. Die Menge stockt, rückt dann wieder vor, stockt, stürmt. Schüsse, Schreie. Einige fallen. Die Menge schiebt vor, stürmt schließlich die Bastille, die fällt. Jubel. Umarmungen. Die Gefallenen werden auf den Schultern getragen. Auch die »Widersacher«, die*

Verteidiger der Bastille, stimmen in den Jubel mit ein. Triumphzug. Aus dem Lärm hört man schließlich die Carmagnole. Alle fassen sich an den Händen, tanzen die Carmagnole bis zum Freiheitsbaum, dann um ihn herum. Mützen werden in die Höhe geworfen. Parolen »Freiheit! Brüderlichkeit! Es lebe die Revolution! Es lebe die Freiheit! Es lebe das Vaterland!« – *(Ausgelassenheit. Frantz schreitet langsam die Stufen zum vaterländischen Altar hinauf. Langsam nimmt der Lärm ab. Alle gruppieren sich in Frantz Richtung. Erwarten.)*

FRANTZ: Bürger! *(Jubel)* Bürger! Ihr habt das häßliche Zeichen der Unfreiheit, die Festung des Despotismus, den Mittel- und Stützpunkt der Tyrannei gestürmt. Die Bastille ist gefallen! *(Jubel)* Bürger! *(Jubel)* Bürger! Ihr habt um den Baum getanzt, der nicht nur Zeichen des erwachenden Frühlings ist, sondern auch Zeichen der erwachten Freiheit! *(Jubel)* Und nicht nur hier, hier in dieser Stadt tanzen Menschen, freie Bürger um diesen Baum, überall im Vaterland ist das so. Unzählige tanzen mit euch um diesen Baum der Freiheit als freie Bürger! Und wenn ich um mich schaue: diese Freude, diese Freude, die sich auf allen Gesichtern malt! Diese Freude freier Menschen! Sie soll Schreckgespenst für alle Unterdrücker und Verräter an ihr sein! *(Jubel)* Die Luft der Freiheit, die ihr atmet, soll jene ersticken! *(Jubel)* Alle, die ihr hier seid, die ihr in Unschuld ausgelassen seid, dankt dem Vaterland dafür! Dem wahren Vaterland! Nicht dem, das euch zwang, unbedeckten Hauptes zu gehen, sondern dem, das die Mütze der Freiheit auf den Baum der Freiheit setzt! *(Jubel)* Bürger! Dieser Dank darf nicht nur in leeren Worten bestehen! Taten, Taten braucht das Vaterland. Hier trage ich bei mir, was viele von euch für das Vaterland erübrigten! Eine beträchtliche Summe! Ich lege sie als Opfer auf den Altar des Vaterlandes. Als Opfer unserer Stadt! *(Jubel. Beifall. Frantz stellt eine Schatulle auf den Altar)* Und hier der Dank des Vaterlandes! *(Er winkt Frédéric und Jean-Pierre Barrault, die sich zu beiden Seiten des verhüllten Schildes aufstellen. Dann zieht er eine Rolle hervor, öffnet sie.)* Auf Vorschlag eines Mitgliedes beschließt der Nationalkonvent, daß die Saarlouis genannte Stadt fortan den Namen *(Er gibt den Barraults ein Zeichen, die enthüllen das Schild)* SARRE-LIBRE führt! *(Einen kurzen Augenblick Stille, dann bricht Jubel los, der den Rest Text untergehen läßt. Frantz wartet, bis wieder Ruhe ist, dann:)* Im Namen der Republik gibt der vorläufige Vollzugsausschuß Anweisung und Befehl an alle Verwaltungsbehörden und Gerichte, das vorstehende Gesetz in ihre Verzeichnisse eintragen zu lassen, vorzulesen, zu veröffentlichen und anzuschlagen, sowie auszuführen in ihren Départements und ständigen Geschäftsbereichen. Zur Urkund dessen haben wir unsere Unterschrift und das Siegel der Republik beigefügt. Paris, 22. Juli 1793, im zweiten Jahr der französischen Republik. Gezeichnet: Garat. Gegengezeichnet: Gohier. Und gesiegelt mit dem Siegel der Republik. *(Aus dem Jubelgeschrei erhebt sich die Marseillaise. Alle singen begeistert mit.)*

(Plötzlich bildet sich eine Gasse, denn von rechts vorne kommt eine Prozession. Weihrauchfaßschwingend ein Jakobiner voran, dann Ehrenjungfern in Weiß, den dreifarbigen Gürtel um die Hüfte. Dann die Trage mit der Göttin der Vernunft, sie nackt, obenauf, Blumen streuend, von Jakobinern getragen. Die Bürger klatschen begeistert. Hochrufe. Die Göttin der Vernunft wird bis zum vaterländischen Altar getragen, dort niedergesetzt. Sie besteigt den Altar, setzt sich auf den Sessel. Huldigung durch Frantz, der ihr seine Jakobinermütze aufsetzt. Hoch-Rufe, Weihrauch. Böller, Flintenschüsse, Trommeln, Glocken. Aus dem Jubel ertönt schließlich die Carmagnole. Alle fangen an zu tanzen. Alle tanzen miteinander. Steigerung bis zum Excess. Bricht plötzlich ab. Dunkel. Stille. Langsam wieder Licht. Jakobiner kommen und räumen auf.)

Bild 14

Die Guillotine wirft einen Schatten

(Während im Hintergrund die Jakobiner aufräumen, kommt N nach vorn. Bleibt eine Weile nachdenklich stehen.)

N: Die Vernunft. Verkörpert, leibhaftig. Die Göttin der Vernunft. Auf dem Altar, das zerbrochene Kruzifix zu ihren Füßen. Die Frau des Apothekers Toussaint. Die neue Zeit: Freiheit. Unabhängigkeit, Vaterland. Nationales Bewußtsein. Folgerichtig wird von den Geistlichen verlangt, sich von Rom zu lösen, den Eid auf die französische Verfassung zu schwören, Staatsbeamte zu werden, die Kirche Staatskirche. Der Papst antwortet mit Suspension und Exkommunikation der Abtrünnigen. Sowohl der Geistlichen, wie auch der Gläubigen, die Vereidigte anerkennen. Im Gegensatz zum übrigen Lothringen leistet im District Saarlouis ein Viertel der Geistlichkeit den Eid auf die Verfassung.

(Im Hintergrund wird von zwei Jakobinern langsam der Guillotinewagen hereingeschoben. Die Guillotine wirft einen großen Schatten auf die Rückwand. Die beiden Jakobiner bleiben bei der Guillotine stehen. Auch ihre Schatten übergroß an der Rückwand.)

N. Das strenge Regiment der Jakobiner und der Übereifer der Saarlouiser, es noch gründlicher zu machen als Paris, mag Grund dafür sein. Auf dem Land ist es anders. Die Bevölkerung auf dem Land hält zu den kirchentreuen Geistlichen, den Widerspenstigen, wie die Revolutionäre sie nennen.

(Im Vordergrund links, neben dem eingezogenen Vorhang, stehen jetzt zwei Männer in Bauerntracht. Sie reden halblaut miteinander. Beschwörende Gesten des einen, abwehrend der andere.)

N: Oft gibt es regelrechte Kämpfe zwischen der Landbevölkerung und den Sansculotten, die einen vereidigten Geistlichen in seine Gemeinde einführen wollen. Kämpfe um die Räumung des Pfarrhauses, die Kirchenschlüssel. Oft müssen die Gläubigen mit Gewalt zum vereidigten Preister in die Messe befohlen werden. Nahe der Grenze wechseln viele heimlich über, lassen sich dort trauen, ihre Kinder taufen, gehen beichten, besuchen die Messe bei kirchentreuen Priestern. Die Sansculotten suchen manches Dorf, das den Geistlichen nicht anerkennt, mit Brand und Plünderung heim als Warnung und Strafe, erreichen aber meist nur das Gegenteil.

(Während der letzten Worte langsam Licht auf die beiden Männer in Bauerntracht im Vordergrund links. Während N nach hinten weggeht, sich auf den Guillotinewagen setzt, wird das Gespräch der beiden im Vordergrund laut, hörbar.)

Bild 15

Paris oder Rom

Bauer: Mia brauchen auch!
Priester: Ich bleibe ja!
Bauer: Awa net doot!
Priester: Ich lebe ja!
Bauer: Awa wii lang nòch?
Priester: So weit.
Bauer: Nòch waida! Gaanet wait genuch!
Priester: So weit werden sie nicht gehen!
Bauer: Nää, woo aich auch hinbrengen, dòò kommen dii net hin!
Priester: Sie werden nicht so weit gehen, mich …
Bauer: Dat kannen dii gaanet! Dat kannen dii gaanet!
Priester: Das meine ich auch. Sie würden sich unmöglich machen!
Bauer: Woo aich auch hinbrengen, dòò sen dia sicha!
Priester: Hinbringen? Wohin denn?
Bauer: *(einen Augenblick sprachlos)* Mä foet! Foet vaan hej! Saan aich dòch schon dii ganz Zait!
Priester: Ich bleibe hier! Es ist schon schlimm genug, daß ich mich verkleiden muß. Ich bleibe! Fortgehen, nein, nein!
Bauer: Awa mia brauchen auch dòch!
Priester: Deshalb bleibe ich ja!
Bauer: *(inständig, flehend fast)* Mia brauchen auch fo de Kenddääf, wämma hairaten, wämma schdärwen geen. Graad dann! Wat netzt uus dann en dooda Gääschtlija!
Priester: Ja, aber …
Bauer: Aich vaschdòppen auch! Aich wääß schon woo!
Priester: Ich verlasse meinen Posten nicht! Mir macht es nichts aus, wenn
Bauer: Herr Paschdooa! Auch net, awa uus! Mia brauchen kään Märtyra, kään Häälijen em Himmel! Mia brauchen auch hej! Om Boden! Hej bai uus! Wai mee wii sonscht! *(Dumpfes Trommeln ist zu hören)*

BAUER: Heeren da? Heeren da? Dat sen se! Lòò kommen se! Dia wääsen dòch! Net lang hää, dòò han se hej ganz en da Nää
PRIESTER: Ich weiß, ich weiß, mein Amtsbruder.
BAUER: Wänn diat jò wääsen! Dann geft et dòch nua änt: Foet vaan hej, soo schnäll wiit get! Eet se schbäät es!
PRIESTER: Mein Beispiel.
BAUER: Herr Paschdooa! Aich saat dòch schon: Ein Himmel brauchen da net fo uus se beeden! Dòò sen a schon genuch! Hej gen da gebraucht! Hej! *(Im Hintergrund zieht jetzt eine Horde Sansculotten vorbei. Sie tragen Fackeln. Singen.)*
(Bauer und Priester haben sich in und hinter den Vorhang versteckt. Die Sansculotten sind vorbei. Bauer und Priester kommen aus ihrem Versteck.)
BAUER: Han da gehooat, wat dii sengen? Dii fackeln net lang! Dii machen kurzen Prozeß! Un hej schdeen vill Bääm rom! Un en Sääl han dii emma bai sich!
PRIESTER: Aber ich bin doch verkleidet!
BAUER: Dii kännen dòch aua Gesicht! Dòò sòrcht dòch schon, dia wääsen dòch, aua »Amtsbrouda«, dääa woo de Aid geschwooa hat, dääa sòrcht dòch schon davooa! Dia sen dòch hej bekannt! Dii kännen auch! Dia musen fòet! Bis alles rem es! Dat kann sich neme lang soo hallen! Soo, wii dii dat traiwen! Soo net! Aich wääß en gutt Plätz! E Schdeckchin wäch vaan hej dicht bai da Gränz! *(Bauer zieht den Priester mit sich.)*

Bild 16

Schreckenszeit

(N wieder vorn am Bühnenrand.)

N: Die Grenze. Viele hat die neue Zeit mit ihrer neuen Ordnung über die Grenze getrieben. Emigriert, versuchen sie oft, über Mittelsmänner nicht nur Kontakt zu halten, sondern auch mit Geld die Feinde der Republik zu unterstützten ... So wechseln oft Geld und konspirative Briefe über die Grenze. Gegen die Feinde der Republik, die Konterrevolutionäre und ihre Machenschaften, arbeiten die commitées de surveillance. Sie überwachen, führen Hausdurchsuchungen durch, verhaften, verhören. Auch in Saarlouis. *(N wird unterbrochen.)*

(Im Hintergrund dumpfes Trommeln. Begleitet, bewacht von einem Trupp Sansculotten, gehen die zur Guillotine Verurteilten nach Paris.)

SANSCULOTTE: *(zu einem Alten)* Vorwärts! Vorwärts! Nicht mehr lange! Dann kanst du ausruhn! Los!
SANSCULOTTE 2: Das hat man davon! Das hat man davon!
SANSCULOTTE 3: Los! Los! Weiter, die Guillotine wartet!
SANSCULOTTE 4: Vorwärts! Dann geht es schneller!
SANSCULOTTE 1: zu Ende! *(die Sansculotten lachen)*
SANSCULOTTE 4: *(faßt einer Frau unter die Röcke)* Wo ist das Geld? Wo hast du das Geld?
SANSCULOTTE 2: Wo wohl? Du mußt nur richtig zugreifen!
SANSCULOTTE 3: *(faßt einer anderen an die Brust)* Wo sind die Briefe? He? Wo sind sie? *(Als sie sich wehrt:)* Verdammt! Sich wehren! Aristokratenbrut! An den nächsten Baum! Kurzer Prozeß! Dort zappeln! Die Guillotine ist zu gut für euch!

N: Auch in Saarlouis wird ein Komplott aufgedeckt. Ein gewisser Dominique Philippe wird gefaßt und verhaftet. In einer ledernen Tasche hat er Geld und Briefe konspirativen Inhalts. Aus den Briefen sind die Namen mehrerer in Saarlouis wohnender Personen zu ersehen, die gegen die Republik arbeiten. Sie werden verhaftet. Anklage: »Trotz Verbots Korrespondenz mit Emigrierten. In den Briefen beleidigende Ausdrücke gegen die Republik und die neue Ordnung. Dem Feind Mittel zukommen zu lassen.« Zuerst zu Geldstrafen und Gefängnis verurteilt, werden sie später mit anderen nach Paris auf die Guillotine geschickt.

(Der Zug der Verurteilten ist unterdessen an der Guillotine im Hintergrund. Der Scharfrichter hat die Kapuze über dem Kopf, der Ausrufer steht bereit auf dem Podest. N ruft vorn am Bühnenrand die Namen der Verurteilten, die der Ausrufer hinten echohaft wiederholt. Zwischen den einzelnen Namen Trommelwirbel.)

N: Madame Dreyer, geborene Barbe Souty, von Saarlouis.
Philippe Dominique, 46 Jahre alt, Taglöhner, Bote von Oberesch.
Jean-Pierre Scharf, 62 Jahre alt, Kaufmann aus Saarlouis.
Guillaume Schmitt, 80 Jahre alt, Weißgerber und Kaufmann aus Saarlouis.
Seine Tochter Gertrude Schmitt, 39 Jahre alt, Witwe de Galhau, aus Fremersdorf.
André Dusable, 53 Jahre alt, Notar aus Saarlouis.
Jean Hombourger, Kaufmann, aus Saarlouis.
Sein Schwiegersohn Nicolas Gussele aus Saarlouis.
Gaspar Henry, 40 Jahre alt, exconstitutioneller Priester aus Ferange.
Jean-Sebastian Hautz, Kantons-Friedensrichter aus Saarlouis.
Pierre Bogard, 53 Jahre alt, Maire von Saarlouis und Administrator des Départements de la Moselle aus Saarlouis.
Guillaume Wagner, Ex-Administrator des Départements de la Moselle, Inspector der Lebensmittel und Armeezahlmeister aus Saarlouis.
Jean Hayer, Lazaristen, Pater aus Saarlouis.
Der Ex-Marquis Charles Jean Baptiste Robert de Dampont, früher Offizier bei den königlichen Musquetairs, aus Schwerdorf.
Seine Frau Marie Anne de Hahn (Beide letztere werden in Metz guillotiniert, weil emigriert)
Barthelmy Constant, Gendarm, wohnhaft in Sarre-Libre, angeklagt als Contre-Revolutionär.

(Während der erste die Treppen zum Podest hinaufsteigt, den Hals unter das Fallbeil legt, wird es langsam Dunkel. Das Fallen und das Auftreffen des Fallbeils ist zu hören.)

Bild 17

N. A. P. O. L. E. O. N.

(N geht langsam nach rechts zur Kleiderkiste, zieht die Jakobinermütze vom Kopf, wirft sie in die Kiste.)

N: Auch Robbespierres Kopf fällt. Dann ist Schluß mit der Schreckensherrschaft. Das Volk ist sie müde. *(Die Jakobiner schieben die Guillotine im Hintergrund weg. N zieht die Jakobinerjacke aus, wirft sie in die Kiste.)* Von außen bedrängt der Feind immer noch das Vaterland. Da *(Appelltrompete und Trommel unterbrechen ihn. Im Hintergrund zuerst verschwommen, unscharf, die Umrisse von Napoleon, groß. N der sich bis jetzt ruhig und langsam ausgezogen hat, beeilt sich. Gibt sich selbst die Befehle unter Trommelwirbel und Appelltrompete:)* Und auf! Und aus! Und runter! Und weg! Marsch! Marsch! *(Hose, Hemd und Schuhe sind so in der Kiste verschwunden: N im Laufschritt zur linken Bühnenseite. Dort zur Kiste, öffnet sie und zieht die Uniform der Soldaten Napoleons an. Im Hintergrund ist jetzt Napoleons Gestalt scharf und deutlich zu sehen.)* Und an! Und zu! Und auf! Und an!
(Wenn N die Uniform an hat, stellt er sich frontal zum Publikum auf. Er zählt die Schlachten Napoleons auf. Dazu macht er Bewegungen mit den Armen wie ein Signalgast: Er signalisiert den Namen Napoleon Buonaparte.

N: Die Fahne Frankreichs ist seit ihm die Fahne von:

Millesimo	Abukir
Mondovi	Marengo
Lodi	Austerlitz
Arcole	Jena
Rivoli	Eylau
Alexandria	Friedland
Chébréisse	Sommo-Sierra

Madrid
Abensberg
Eckmühl
Essling
Wagram
Smolensk
der Moskwa
Weißenfels
Lützen
Bautzen
Wurschen

Bischofswerda
Hanau
Brienne
St.-Dizier
Champaubert
Chateau-Thierry
Joinvilliers
Mery-sur-Seine
Monterau
Montmirail

N: Unter diesen Fahnen dienen auch Saarlouiser. Nicht wenige. Kaum eine Stadt Frankreichs der gleichen Größe hat so viele Offiziere in kurzer Zeit der französischen Armee gegeben. Und berühmte:

Marschall Ney, Sohn eines Faßbindermeisters
General Paul Grenier, Sohn eines Gerichtsvollziehers
General Michel Renauld
General François Müller, Sohn eines Friseurs
General Baron Louis Salabert
General Antoine Grenier, Bruder des General Paul Grenier
General-Inspecteur der Infanterie,
Jean-François Toussaint, Sohn eines Apothekers
General Favart, Sohn eines Offiziers
Brigadegeneral Chevalier Thierry, Sohn eines Waffenschmieds
Divisionsgeneral Beltramin, Sohn eines Notars
Generalleutnant Adolphe Collinet de Lasalle
General Noblet von Chermont
Brigadegeneral Baron Antoine Redeler, Sohn eines Maurers
Brigadegeneral Chevalier Raindre
Oberst der alten Garde Mathias Leistenschneider, Sohn eines Druckereibesitzers
Militärintendant Worms von Rumilly
Kriegskommissar Hautz
Kriegskommissar Henriet
Kriegskommissar von Salverte
Der Chirurgchef der Armeen Capremont

Die Obersten Chartener, Flosse, Heguy, Mathis, Baron Richard Denis, Winter, Jung
Major Leon Souty
Ganze Familien mit Kriegshelden gibt es: z. B. die Familie Sellier. Alle 7 Söhne treten freiwillig in das Heer ein, werden Kürassieroffiziere, erhalten ihrer Tapferkeit wegen das Kreuz der Ehrenlegion und fallen auf dem Schlachtfeld. Alle 7.

Bild 18

Mai Bou net

(Während im Vordergrund N die berühmten Saarlouiser Soldaten aufzählt, baut hinter ihm eine Marktfrau ihren Stand auf, kommt eine erste Käuferin, stehen hinten in der Mitte des Platzes zwei Napoleonssoldaten im Gespräch, rückt vorne rechts die Gaststube »zum Engel« ins Bild, der Engelwirt hinter dem Buffet, ein Alter an einem Tisch.)

N: Aber auch in gewonnen Schlachten werden Soldaten verloren, werden für die nächsten neue gebraucht. Aushebung zum Militärdienst ist die Grundlage von Napoleons gewaltigen militärischen Erfolgen. »Ich kann es mir leisten, 30 000 Mann pro Monat zu verlieren« sagt er zu Metternich. Das Kinderspiel »Der Kaiser braucht Soldaten« wird für viele blutiger Ernst. Nicht alle reißen sich, wie in Saarlouis, um die Ehre, unter »dem größten Feldherrn aller Zeiten« zu kämpfen, garnicht, oder als Krüppel nach Hause zu kommen. Nicht alle glauben an den Marschallstab im Tornister. Vor allem die Landbevölkerung nicht.
(N geht nach rechts zum Engelwirt, setzt sich dort an einen Tisch. Licht auf den Stand der Marktfrau vom Land.)

LANDFRAU: Wat hädden da dann gääa Scheenes?
STADTFRAU: Gemüse, irgend …
LANDFRAU: Gemejs? O, loun mòòl, wat aich scheen Kolrääfcha han! Wii gemòòlt!
STADTFRAU: Ja.
LANDFRAU: Geft et Durchenanna haut bai auch?
STADTFRAU: Was, wie bitte?
LANDFRAU: Kòchen dia Durchenanna?
STADTFRAU: Ach so. Vielleicht.
LANDFRAU: Dann han aich lòò dat richtije fo auch! Wuezeln! Ainmaalich! Loun mòòl! Scheena get et gaaneme! Un Gromban, Ärwescha!
STADTFRAU: Nicht so schnell! Nicht so schnell! Ich weiß ja noch garnicht.

LANDFRAU: Wii get et dann auren Bouwen?
STADTFRAU: Ach.
LANDFRAU: Schraiwen se òft? Dii schraiwen dòch sicha aus da ganz Wältgeschicht!
STADTFRAU: Wie geht es ihrem Sohn?
LANDFRAU: *(schaut unter sich)* Vill Äawet. A hat vill se doun.
STADTFRAU: *(spöttisch)* So, so.
LANDFRAU: Wat männen da dann dòòmet?
STADTFRAU: Was tut er denn so viel?
LANDFRAU: Omgraawen, planzen, Wassa gen, Unkraut ausmachen. Et es emma äppes se doun.
STADTFRAU: Und wie fühlt er sich dabei?
LANDFRAU: Wii soll a sich fejlen? A schafft halt!
STADTFRAU: Daß die meisten aus seinem Jahrgang weg sind?
LANDFRAU: Et musen jò aach e paa dahäm blaiwen!
STADTFRAU: So?
LANDFRAU: Mäsicha! Mia musen dòch ässen! Dia dòch aach!
STADTFRAU: Da gibt es doch noch andere!
LANDFRAU: Aich ben allään! Aich han sonscht käänen me! Òònt innen, wat sollt aich machen? Aich kennt ofhean! Un ässen musen ma dòch all! Oda net?
STADTFRAU: Sie sagten graben, pflanzen, ernten. Wer, glauben Sie, wird hier ernten, wenn unsere Soldaten nicht für das Vaterland kämpfen? Wer wird unser Brot essen? Wer?
MARKTFRAU: Wääa? Wääa dann?
STADTFRAU: O heilige Einfalt! Der Feind hält das Vaterland umklammert, und Sie tun so, als ob es nur Rüben zu ernten gilt!
LANDFRAU: Ach so männen dia dat? Awa et muß dòch aach Lait gen, woo fo dii annan sòrjen, daß se äppes se ässen han! Daß se leewen kannen!
STADTFRAU: Ist das ein Leben, wenn der Feind uns alles vom Teller nimmt?
LANDFRAU: Awa dääa Faind, dääa es jò gaanet dòò!
STADTFRAU: Nicht da? Sie sind doch selten dumm!
LANDFRAU: Awa mia geen dòch bai dii anan! Mia geen dòch nòò Rußland!
STADTFRAU: Ach! Wir sind also die Bösen, die Ungeheuer, meine Söhne
LANDFRAU: Soo han aich dat dòch net gemännt!
STADTFRAU: Wie dann?

LANDFRAU: Maanen da wai aua Gemejs?
STADTFRAU: Meine Söhne, die für das Vaterland den Kopf hinhalten, auch für Sie, auch für Ihren, Ihren
LANDFRAU: Maanen da aua Gemejs wai?
STADTFRAU: Das muß man sich gefallen lassen! Meine Söhne, jeden Tag vom Tod, und Sie
LANDFRAU: Aua Gemejs!
STADTFRAU: Und Ihr Sohn hockt hinter dem Ofen. Der lacht sich ins Fäustchen!
LANDFRAU: Aiach packen auch aua Gemejs en! *(Sie will den Kohlrabi in den Korb der Stadtfrau legen. Da gerät diese außer sich. Sie reißt der Landfrau den Kohlrabi aus der Hand, wirft ihn auf den Boden, tritt darauf herum.)*
STADTFRAU: Drückeberger! Dieser Feigling! Und meine Söhne, Tag für Tag! Drückeberger! Dieser Feigling! *(Die beiden Soldaten im Hintergrund sind aufmerksam geworden, nähern sich.)*
LANDFRAU: Deen bezaalen da ma! Deen bezaalen da ma!
STADTFRAU: *(plötzlich ernüchtert. Kalt)* Ihr Sohn ist nicht gezogen worden? *(Einen Augenblick Totenstille.)*
LANDFRAU: *(packt der Stadtfrau alles in den Korb)* Hej holen! Lòsen nua! Hej holen!
STADTFRAU: So einfach, so nicht!
SOLDAT 1: Madame? Was ist denn? Haben Sie etwas?
STADTFRAU: Nichts. Nichts. Aber kommen Sie, ich habe etwas für Sie! *(Geht mit dem Soldat 1 weg)*
LANDFRAU: *(starrt hinter ihrem Stand)* Wai es sowait. Wai holen sen. Wai es alles aus!

(Dunkel. Licht beim Engelwirt.)

Bild 19

Russland: Lòò hadda sich iwwaholl!

(Beim Engelwirt. Wie vorher. Der Alte an dem Tisch ist angetrunken. Redet laut vor sich hin.)

ALTER: Lòò hadda sich iwwaholl! Aich saan da! Lòò hadda sich iwwaholl! *(trinkt zwischendurch in kleinen Schlucken)* Dat hädda net machen dirfen! Niimòòls! Wänn aich da dat saan! *(Der Engelwirt putzt, ohne aufzuschauen, weiter hinter dem Buffet Gläser. Hört nur mit halbem Ohr hin.)* Dat wääaden da nòch gesin! Dootsicha! Soo sicha wii aich hej setzen!
ENGELWIRT: Soo sicha setzscht dau dòch gaaneme!
ALTER: Saa dat net! De Aauen wääaden da nòch ofgeen! *(Jetzt kommen die zwei Soldaten von vorhin in die Gastwirtschaft. Sie stellen sich an das Buffet.)*
ALTER: Lòò hadda sich iwwaholl! *(Der Engelwirt geht schnell zum Alten an den Tisch.)*
ENGELWIRT: Wai komm! Komm! Hall daich zereck! *(Die Soldaten schauen den beiden zu)*
ALTER: *(laut)* Dat es ma egaal! Aich sant wiit es! Dat häda net machen dirfen! Nii em Leewen! De wäätscht nòch aan maich dänken!
SOLDAT 1: Was hat er denn?
ENGELWIRT: Ach, zuviel getrunken!
SOLDAT 2: Wein, zwei Gläser bitte!
ENGELWIRT: Sofort, meine Herren, sofort!
ALTER: Lòò es a se wait gang! Lòò hadda sich iwaholl!
SOLDAT 2: Was sagt er?
ENGELWIRT: O, dummes Zeug, dummes Zeug! Sie müssen nicht hinhören!
ENGELWIRT: Prost!
SOLDATEN: Prost auf den Sieg!
SOLDAT 2: Prost auf den Kaiser!
ENGELWIRT: Hoch Napoleon!

ALTER: Wääa! Napoleum? Lòò hadda sich iwwaholl! Aich saan auch! Lòò es a se wait gang!

ENGELWIRT: *(geht schnell zum Alten)* Dau krejscht wai naischt me! Un hall dai Maul! Heaschde!

SOLDAT 2: Nein, lassen Sie ihn weiterreden! Lassen Sie ihn!

ALTER: Sischde! Dii han Aanung! Es et net wòòa? Daß a lòò e bisselchin se wait gang es?

SOLDAT 1: Wer?

ALTER: Da Napoleum! Saat aich dòch!

SOLDAT 2: Wieso zu weit?

ALTER: Nòò Rußland hädda net geen dirfen! Niimòòls!

SOLDAT 2: *(zu seinem Kameraden)* Interessant. *(Zum Alten)* Und warum nicht?

ALTER: Rußland es ze grooß. Dat es ze grooß.

SOLDAT 2: Auch für Napoleon?

ALTER: Aach fo deenen. Aach fo deenen! Lòò hadda sich iwwaholl! Awa dääa wääat nòch Aauen machen!

SOLDAT 2: So. Aha!

SOLDAT 1: Laß ihn doch!

ENGELWIRT: Der ist doch voll. Der weiß doch nicht, was er da sagt!

SOLDAT 2: Der weiß das ganz genau! Von wegen!

ALTER: Aich ben net voll! Un aich saan et jeedem ent Gesicht, woot heeren maan! Lòò es a se wait gang!

SOLDAT 2: Der Kaiser?

ALTER: Han aich dòch wai schon draimòòl gesaat: da Napoleum!

SOLDAT 2: Napoleon.

ALTER: Napoleum. Rußland es soo wait! Dòò valääft dääa sich dren! Dòò valääft dääa sich dren!

SOLDAT 2: Und die Grande Armee?

ALTER: Dii Gande Armee! Daß aich net lachen! Dii Grande Armee!

SOLDAT 2: *(Ist jetzt an den Tisch des Alten getreten)*

SOLDAT 1: Komm laß ihn doch! Laß ihn!

SOLDAT 2: Augenblick! Augenblick! Da muß ich noch etwas klären! 500000 Mann!

ALTER: Daß aich net lachen!

SOLDAT 2: Es sind 500 000 Mann!

ALTER: Awa wat voa dann?!

ENGELWIRT: Kommen Sie, ich gebe einen aus!

SOLDAT 2: Nichts hier! Das will ich jetzt genau wissen! Du hast gesagt, was für welche. Was heißt das?
ALTER: Dat hääscht, wat et hääscht!
SOLDAT 2: *(Nimmt den Alten beim Kragen)*
ALTER: Je, je, wai langsam, langsam!
ENGELWIRT: Er ist doch betrunken!
SOLDAT 1: Laß ihn doch! Komm her! Der Wirt hat einen ausgegeben!
SOLDAT 2: *(läßt den Alten los)* Aber vorher will ich das noch genau wissen von den »was für welchen«!
ALTER: Kann aich da saan!
ENGELWIRT: *(Seufzt auf. Zuckt dem Soldaten 1 mit den Schultern zu)*
ALTER: 500000 Mann hascht dau gesaat! Gutt! Dòò es dòch alles durchenanna! Wii Kraut un Rejwen! Dòò sen Idaliääna dabei, Bayern, Schwaiza, Kroaten, un wat wääß aich nòch. Männschde, dii gäängen all fo uus geen? Dat es dòch ään Durchenanna! Ään Gehuddels!
SOLDAT 2: Garnicht schlecht gedacht! Aber so schlau wie du ist der Kaiser schon lange! Denkst du, der läßt die beisammen? Der hat die aufgeteilt unter französische Fahnen! Du Schlaukopf! Was hältst du eigentlich vom Kaiser? He!
ALTER: Net vill! *(Einen Augenblick Stille.)*
SOLDAT 2: Nicht viel? *(Nimmt den Alten am Ohr, zieht ihn vom Stuhl hoch. Der Alte jammert auf.)* Und das will einer aus Saarlouis sein! Das will einer aus der Stadt sein, die dem Kaiser noch und noch Offiziere stellt? Marschall Ney, he, der sagt dir nichts? Grenier,. Salabert! Favart! He!
SOLDAT 1: Komm, laß ihn los! Er ist doch ein alter Mann! Der könnte doch dein Vater sein!
SOLDAT 2: Der? Nie! *(spuckt aus)* Schämen würde ich mich für einen solchen Vater. Pfui! *(Läßt ihn los.)*
ALTER: *(störrisch)* Net vill! Aich saan net vill!
SOLDAT 2: *(will sich gerade wieder auf den Alten stürzen)*
SOLDAT 1: Laß ihn doch in Ruhe! Komm her!
SOLDAT 2: So. Du auch! Du läßt den Kaiser hier ungestraft in den Dreck ziehen! Du auch.
SOLDAT 1: Was hat der Alte denn schon gesagt?!
SOLDAT 2: *(schreit)* Daß er nicht viel vom Kaiser hält! Reicht das nicht?!
SOLDAT 1: Frag ihn doch, warum!
SOLDAT 2: Das ist gut. Also, warum hältst du nicht viel vom Kaiser?!

ALTER: *(Zuerst etwas eingeschüchtert, dann aber frei weg)* Aich ben en alter Mann. Aich schdärwen sowiisoo ball! Mia kannen da neme vill doun! Un Angscht, Angscht han aich voa auch schon gaanet! Dòò kannschde nòch soovill schraaien! Dau hättscht maich dòòmòòls net aam Ooa gezoo! Dau net! Awa dat schbillt wai kään Roll me! Da Napoleum? Wai saan aich da graad wiit es! Dääa hätt bai sainen Gaißen blaiwen sollen! Dääa hätt lòò unnen Gaißen hejden sollen! Mia sen of de Schdròòß gang fo Freiheit! Gleichheit! Gerechtigkeit! Rousseau! Voltaire! kännscht dau dii iwahaupt? Mä nää! Un dann kommt dääa! Woo ma gemännt han, dääa vaschdet uus! Dääa es dòch ääna vaan uus! Gaanaaischt! E Paifendräck! Kaum wòòra draan, hadda Bischeef un Kardinääl nòmò engesetzt, a hat sich sogaa kreenen gelòßt vaam Paapscht! Vaan weejen Gleichheit! Prinzen, Härzeech un Baroonen hadda ääanannt! Dii Emigranten, woo geent uus, geent Vaterland wòòren, hadda nòmò zereckgerouf! Alles haddan nòmò gen! Wat es dann vaan da Revolutiòn bliif? Da Keenich es gang, e Kaisa es komm! Hamma dòòfoa all dii Òpfa gebrong? Freiheit? Wääa darf dann saan, wiia maan? Et es dòch genaausoo schlemm wii voahääa! Schlemma nòch fascht! Iwa de Gleichheit han aich jò schon gesaat! Da Kaisa! Un Brüderlichkeit? Jò, fo ent Graff se geen, dòò sema brüderlich baisammen. A hätt de Gaißen hejden sollen! Wäära nua gebliif, wooa hääakomm es!

SOLDAT 2: *(schneidet ihm das Wort ab. Schreit)* Halt dein Maul! Es reicht! Es reicht!

SOLDAT 1: *(will etwas sagen. Wird aber zusammengebrüllt.)*

SOLDAT 2: Wenn du ihn deckst, bist du auch dran! Und du, Wirt, auch! Es reicht! Das Maß ist übervoll! Wenn die Bürger dieser Stadt solche Reden führen dürfen, während die Armee in Rußland steht, dann ist das mehr als ein Stoß mit dem Dolch in den Rücken! Und von wegen Alter! Auf die Alten hören sie doch! Was für ein Beispiel für die Jugend! Pfui! *(Er spuckt aus)* Und jeder, der das duldet, ist auch ein Verräter! *(Er packt den Alten am Kragen, zieht ihn hoch, dreht ihm die Arme auf den Rücken, führt ihn ab. Der Soldat 1 zahlt dem Wirt, der noch immer starr dasteht).*

ENGELWIRT: Awa et es dòch en alter Mann!

(Dunkel. In das hinein Schüsse fallen.)

Bild 20

La Grande Armee – En Lompen häm

(Schüsse. Kanonendonner. Stimmen vom Hintergrund her: »Los! Marsch! Vorwärts! Zurück! Allons! Allons! Allez!« Schreie. Schüsse. Trommeln. Dann Bewegung. Ein bunt gemischter Trupp der Grande Armee auf dem Rückzug. Die Soldaten sind zuerst kaum als solche zu erkennen. Sie sind »in der unglaublichsten Weise bekleidet: mit Frauenröcken, abgescheuerten Pelzmützen, eingetriebenen Tschakos und Kosackenjacken, Schnupftücher und Hemden um die Füße gewickelt.« E./C. Einige gehen an Krücken. Josef hat beide Hände mit Verband umwickelt. Gehen? Hinken, stolpern, daherwanken, torkeln, aufgestützt bei

den Kameraden. Dann wieder Schüsse. Einer fällt, versucht, aufzustehen, fällt, versucht, auf allen Vieren den Kameraden nachzukriechen.)

VERWUNDETER: Kameraden! Kameraden! Nehmt mich mit! Laßt mich nicht hier! *(Dann zieht er sich noch auf dem Bauch nach, bleibt schließlich liegen. Sofort eilt einer zurück, zieht ihm den Mantel aus, obgleich der andere noch lebt.)*
VERWUNDETER: Laß mir den Mantel, Kamerad! Es ist so kalt!
SOLDAT: Du brauchst den Mantel nicht mehr! Du nicht!
VERWUNDETER: Du Schwein! Du läßt mich hier liegen! Verflucht! Gottverdammdich! *(Der Verwundete jammert nur noch. Ist still, streckt sich aus.)*
(Im Hintergrund groß ein verschwommenes Durcheinander von Farben, das langsam deutlicher wird. Der Übergang der Grande Armee über die Beresina als Bild. Der Soldatenhaufe verschwindet nach links, kommt dann wieder, etwas langsamer, schräg nach rechts. Immer noch Kanonendonner, Schüsse, Fluchen, Schreie. Getrommel. Wieder fallen einige. Sie jammern und stöhnen. Die Kleider werden auch ihnen vom Leib gezogen.)
JOSEF: Mai Hänn! Mai Hänn!
TONTON: Komm, Josef, komm! De leefscht dòch nòch! Je!
JOSEF: Lòsen maich! Dat es dòch kään Leewen me! Lòsen maich!
BAMBERGER: Net schlapp machen, Josef! Dau wäatscht dòch net schlapp machen! Ma hannet ball! Ball sema dahäm! Je! Allez! Allez!
(Tonton und Bamberger nehmen Josef unter die Arme und weiter. Einer bleibt zurück, fällt vor Entkräftung um)
ENTKRÄFTETER: Schlafen! Schlafen!
(Von der rechten Seite bewegt sich der Soldatenhaufe jetzt nach links. Ganz langsam. Auch jetzt machen wieder einige schlapp. Setzen sich. Den Kopf auf die Knie gestützt. Die Soldaten schwenken jetzt nach vorne um auf den Platz. Sie verteilen sich, lagern in Gruppen: Tonton, Josef, Bamberger, die Sänger, die Flucher, die Toten, die Verwundeten, der Trommelsepp allein. Zwei aus der Sängergruppe tragen die Toten zusammen, legen sie nebeneinander. Die Soldaten stellen die Gewehre zusammen, bereiten ihr Nachtlager vor, machen Feuer.)

Bild 21

Es ist ein Schnitter, der heisst Tod

(Während Bamberger dem Josef aus Decke, Tornister und Mantel eine »Liege« macht, ist Tonton Holz holen. Er kommt mit einem Bündel Holz zurück, schickt sich an, Feuer zu machen.)

Josef: *(stöhnt)* Mia es soo kalt!
Tonton: Ball! Ball hammat waarem! Da Dunna! Aich han dòch nòch gewoscht, woot Holz hej geft! Mia ben dòch hej dahäm!
Josef: Mia es soo kalt! *(zittert)*
(Bamberger und Tonton schauen sich an. Bamberger nickt mit dem Kopf Tonton zu.)

TONTON: Ball Josef! Ball! Neme lang, neme lang, dann es et waarem!
JOSEF: Et brännt lòò soo! Dat dout soo wee!
BAMBERGER: E klääna Momänt! Dann wärmschde da dai *(er stockt)* Dann haschdet hej soo waarem wii nirjends sonscht! Glääf ma! *(Josef stöhnt. Er streckt die Stummel aus.)*
JOSEF: Et brännt lòò soo! Wii dat lòò brännt!
TONTON: Mia ben dòch dòò! Mia ben wai dòch dahäm!
FLUCHER 1: Dieses verdammte Nest! Dieses gottverdammte Nest!
FLUCHER 2: Alles verrammelt! Wie ausgestorben!
FLUCHER 3: Aus Angst vor der Seuche!
FLUCHER 1: Die soll der Teufel holen! Alle!
FLUCHER 2: Gerade, daß sie uns in die Stadt gelassen haben!
FLUCHER 3: Diable! Soll der große Arsch kommen und sie zuscheißen!
FLUCHER 2: Verdient hätten sies!
FLUCHER 1: Das ist der Dank des Vaterlandes! *(lacht grimmig) (Plötzlich Stille. Auch das Stöhnen der Verwundeten hat für einen Augenblick aufgehört. In diese Stille hinein:)*
SÄNGER 1: *(leise, aber bestimmt)*
    Es ist ein Schnitter, heißt der Tod
    hat G'walt vom großen Gott,
    heut wetzt er das Messer,
    es schneit schon viel besser,
    bald wird er drein schneiden,
    wir müssen's nur leiden.
    Hüt dich, schöns Blümelein!
JOSEF: *(mitten im Lied fährt er hoch)* Wat? Wat sengt a?
TONTON: Naischt besonnares!
JOSEF: Awa scheen! Scheen! *(sackt zurück)*
SÄNGER 2:
    Was heut noch grün und frisch dasteht
    wird morgen schon hinweggemäht;
    Die edlen Narzissen,
    die englischen Schlüssel,
    die schön Hyazint,
    die türkisch Bind.
    Hüt dich, schöns Blümelein!
SÄNGER 1 UND 2:
    Viel hunderttausend ungezählt

was unter die Sichel hinfällt;
Rot Rosen, weiß Lilien,
beid wird er austilgen,
ihr Kaiserkronen,
er wird euch nicht schonen.
Hüt dich, schöns Blümelein!

FLUCHER 1: Teufel, Teufel! Das paßt wie die Faust! Wörtlich!
FLUCHER 2: Wir sind gottverdammt beschissen worden! Zum Teufel mit den Gefühlen!
FLUCHER 3: Alles im Arsch! La Grande Armee! Im Dreck krepiert!
FLUCHER 4: Warum setzt der sich dahinten so abseits?
FLUCHER 1: Macht er immer. Er ist immer allein!
FLUCHER 2: He, Sepp! Trommelsepp! Setz dich doch her! Zu uns! *(Der Trommelsepp schüttelt den Kopf, starrt vor sich hin.)*
FLUCHER 2: Dann leck mich!
FLUCHER 3: Hättest du wohl gern!
(Die Flucher lachen)

JOSEF: Mia es soo kalt! Mia es emma nòch soo kalt! Hädden da maich nua gelöß! Hädden da maich nua lain gelöß!
TONTON: Josef! Josef! *(ganz nah zu ihm hin)* Mia ben dahäm! Mia hannet geschafft! Mia ben dahäm!
JOSEF: *(entsetzt)* Dahäm? Dahäm saatscht dau?
BAMBERGER: Jòò! Wii a saat! Dahäm!
JOSEF: *(schluchzt)* Aich maan net häm! Nää! Nää! Aich maan net häm! Net soo! *(er streckt die Stummel aus)*
TONTON: Awa Josef!
JOSEF: Wii soll aich dann graawen, planzen, ausdoun? Nää! Nää! Aich maan net häm! Lòsen maich!
VERWUNDETER 1: Wasser! Wasser! Kameraden! Wasser!
VERWUNDETER 2: Ja, Wasser, Durst! Das brennt! *(Die Verwundeten stöhnen fortwährend. Röcheln. Aufschreien.)*
SÄNGER 1:
Das himmelfarbe Ehrenpreis,
die Tulipanen gelb und weiß
die silbernen Glocken,
die goldenen Flocken,
senkt alles zur Erden

was wird daraus werden?
Hüt dich, schöns Blümelein!
ALLE SÄNGER:
Trutz! Tod, komm her, ich fürcht dich nit!
Trutz! Tod, komm her, tu deinen Schnitt!
Werd ich nur verletzet,
so werd ich versetzet
in den himmlischen Garten,
auf den wir alle warten.
Freu dich schöns Blümelein!
FLUCHER 2: *(äfft singend nach)* »Freu dich, schöns Blümelein!« Daß ich nicht lache! Freu dich!
FLUCHER 3: Bei dir wird sich der Teufel freuen!
FLUCHER 4: Da ist es wenigstens warm, da unten!
FLUCHER 1: Warst du schon mal da?
FLUCHER 2: Ach, scheiß drauf! *(die Flucher lachen. Die Branntweinflasche kreist.)*

JOSEF: *(Vom Wundfieber geschüttelt)* Soo maan aich net häm! Soo kann aich dòch net hämgehn! »Loun, wat aich auch metbraat han!« *(zeigt seine Stummel wieder vor.)*
TONTON: Josef! Wai beruich daich dòch en bisselchin!
BAMBERGER: Dau bescht dòch weenscht bis häm komm!
JOSEF: Aich maan net häm! Nää!
BAMBERGER: *(zu Tonton)* Je, vozeel em e bissin! Dat hòdda emma gääa! Wääscht dòch!
TONTON: Josef, soll aich vozeelen? Maanschte? *(Josef nickt mit dem Kopf.)*
TONTON: Gutt. Et wòòa graad e Dach voa onschellich Kennerdach. Aich wòòa met dääa François of Hauptwach. Dääa François schdet of Pòschden, un aich hucken en da Wach un rauchen mai Sauzannt un voßeelen aan mai Kameraden de Geschicht vaan dääa Lugaro un wii mia als jong Kääalen of dääa Maak de Mardigra vobrannt han. Dòò heeren aich of äämool mai Naamen ßwaai, draimòòl of russisch. »Tontonowitsch« han aich e paamòòl geheeat. Aich han waida naischt gedänkt, dòò rouft of äämòòl dääa François durch et Fenschdachen: »Tonton, komm mòòl dappa raus, dòò es en Fraaminsch, dat well gääa met da schwätzen! Aich geen raus, dòò schdet en klään mucklich Mädchen dòò. »Dach, Mamsell«, saan aich, »Wat wääa auch gefäl-

lich?« Et guckt mich aan un fròòt of russisch: »Tontonowitsch Saarluwopski?« *(Tonton hört auf, weil Bamberger ihm eine Handbewegung macht.)*
TONTON: Wat es?
BAMBERGER: A schlòòft!
JOSEF: Fowat heascht dau dann of? Vazeel dòch!
TONTON: En Momänt! Josef! Also, dat klään mucklich Mädchen saat, of russisch nadialich: »Tontonowitsch Saarluwopski?« Dat hääscht of daitsch »Ben dia da Moßje Tonton vaan Saarlouis?« »Mä, geweß,« saat aich, dääa ben aich, wii a laift un leeft!« »Mai Madam,« saat et dòò, »läßt auch fo mòrjen mettach of e Tälla Sopp enladen. Mia waanen aan dääa Maak Numma 77 of de easchden Schdòck!« »Aich kommen ganz beschdemmt!«, saan aich, »e scheenen Gruuß aan de Madam!« *(Tonton macht eine kleine Pause.)*
JOSEF: Vazeel! Je, vazeel!
TONTON: Mä geweß! Mai Gudda! Mä geweß! Aich kommen also aan de Maak nòò Nummero 77 of de easchden Schdòck. Aich klòppen aan. »Herein!« ruuft dòò en Schdemmchen wii e Nachtigall! Aich tappen en de Schduff – Kraizmiliòònendonnawedda! Wääa huckt sòò of et Kanabee – dat hat so e gòlde Raamen gehatt – aich liinen net! – et wòòa de Gräfin Mitzimiauski, woo aich mòòl bai dääa Poniatowski kännen geleeat han. *(Während Tonton weitererzählt, im Hintergrund von den Sängern das Lied: die Hungersnot.)*

SÄNGER 1:
Wir haben im Feld gestanden,
kein Bissen Brot vorhanden,
s war große Hungersnot.
Wir ließen den Kaiser bitten,
er möcht uns doch erretten
mit einem Bissen Brot.
SÄNGER 2 und 3 *fallen ein:*
Die Stücklein waren geschnitten
als wie die halben Glieder,
die an dem Finger sind.
Wir habens nicht selber gegessen,
wir habens den Pferden gelassen,
s war große Hungersnot.

SÄNGER 3:
>   Die Wurzeln aus der Erden
>   haben wir ausgegraben
>   ist unsre Speise gwest.
>   Den Tau wohl von den Blumen
>   haben wir uns genommen
>   ist unser Trunk gewest.

SÄNGER 1 UND 2
>   Wenn das mein Vater wüßte,
>   dazu mein liebes Geschwister
>   sie würden mir schicken Brot

ALLE SÄNGER:
>   Dazu ein weißes Hemde
>   vor meinem letzten Ende
>   weil ich jetzt sterben muß.

(Plötzlich schlägt der Trommelsepp dazu die Trommel. Ganz leise. Kaum zu hören.)

SÄNGER 1:
>   Dazu ein Krug mit Wasser
>   daraus ich mich könnt waschen
>   vor meinem letzten End.

SÄNGER 1 UND 2
>   Es sind noch zwei geblieben
>   die haben den Brief geschrieben
>   von der großen Hungersnot.

(Die Flucher sind eingeschlafen. Schnarchen. Die Verwundeten stöhnen immer wieder auf. Aber mehr vereinzelt.)

TONTON: Mitzimiauski. Gräfin Alexandra Katharina Bibi vaan un ßuu Mitzimiauski, soo hat se gehääscht. Also, aich han maich ganz schamant vanaicht un han meddem Sebel fäscht of dääa Täppich geschduppt un saat: »Madämmchen, ben aich net vokeat gang? Aich ben en Nommer 77 fort Zòòwendässen engelaad.« »Nää, Herr Moßje Tonton, dir bint nicht vokehrt gegang!« saat dòò dat Fraaminsch un hat fraindlich met ihr ofgemòntet Schinnjòn geneckt. »Aich sälwa han auch engelaad! Kommen, hucken auch! Machen, als wänn da dahäm wäären!« *(Josef fährt ganz plötzlich auf)*

JOSEF: Aich maan net häm! Aich maan net! Net soo!

BAMBERGER: Schon gutt! Josef! *(Bamberger hat sich jetzt dicht neben Josef gesetzt, der wieder einen Anfall Schüttelfrost hat. Er hält Josef im Arm. Dann bedeutet er Tonton, weiterzuerzählen.)*
BAMBERGER: Et get se Änn!
JOSEF: Wat? Wat?
BAMBERGER: Dii Geschicht. Je, vozeel se se Änn! Je!
TONTON: *(Schluckt, bringt die Geschichte jetzt nur noch mit Mühe heraus. Er stockt des öfteren, zieht die Tränen hoch, zum Schluß kann er nur noch unter Tränen erzählen.)*
TONTON: Also, se saat: »machen, als wänn da dahäm wäären!« »Dann es jò alles en Oednung« saat aich, »Ich bin so frei, Madam Mitzimiauski« un han mei Sebel abgeschnallt un han maich neewenaan gehuckt. On dòò es en Ässen un Trenken of de Desch komm – Josef, Josef, dat es net ze beschraiwen! Klään Krempercha, en puura Botta gebròòt, ää Kottlät nòò de anner hat se mer of de Tälla gedòòn, un en äänem fòrt hat et animiert: »Scheniiren auch net, hollen auch nòch, Herr Tonton, scheniiren auch net, graifen ßuu! Nòch en Kotlättchen? Hii bint auch nòch ein paar Trompe-Eier!« Bes aich aam Änn gesaat han: »Mem bäschden Wellen, Madämm-chen, aich packen kään Krimmel me! Aich kann neme *(jetzt unter Tränen)* Aich kann neme, un wann da mer gebròòden Ängelcha vorsetzen!«. *(Ein Augenblick Stille. In die hinein nur Tontons Schluchzen.)*
BAMBERGER: A hat et henna sich.
TONTON: Wai hòddat bis hejhääa gebrong!
BAMBERGER: Villaicht es et aach bässa soo. Wääa wääß.
TONTON: Wai es a dahäm!
BAMBERGER: Scheen hascht voßeelt!
TONTON: Aich hätt neme waida *(bricht ab, stützt den Kopf in die Hände. Bamberger deckt Josef zu. Tonton und Bamberger sitzen und starren ins Feuer.)* *(Der Trommelsepp schlägt leise ein paar Takte.)*
BAMBERGER: Schnee liit en da Loft! *(Im Hintergrund ist übergroß das Standbild des Marschall Ney zu sehen. Stille. In die hinein ein Trompetensignal. Durcheinander auf dem Platz. Die Soldaten suchen ihre Sachen zusammen. Die Feuer werden ausgelöscht. Die Verwundeten schreien. Fluchen. Schimpfen. Links vorn N als Ausrufer.)*
N: Die Truppe hat bis es hell wird die Stadt durch das Französische Tor zu verlassen! Keine Kontakte mit der Bevölkerung! *(Trompetensignal. Die Soldaten stellen sich auf. Marschieren nach rechts ab. Es wird hell. Das Bild des Marschall Ney verblaßt.)*

Bild 22

WATERLOO – PREUSSISCH SAARLOUIS

(Aus der Ferne Kanonendonner. N geht nach rechts zur schwarzen Truhe, setzt sich.)

N: Den Resten der Grande Armee folgt der Feind auf den Fersen. General von Biberstein umzingelt Saarlouis und läßt es beschießen. Die Belagerung beginnt. General Thierry verteidigt tapfer und mit Umsicht die Stadt.

(Jetzt kommen Saarlouiser Bürger auf den Platz, stehen in kleinen Gruppen. Teils stumm, teils im Gespräch. Ernst. Der Metzer Kurier kommt. Die Leute umringen ihn, fragen. Plötzlich betretenes Schweigen. Dann werden weiße Kokarden ausgeteilt. Die Fahne der Bourbonen aufgezogen.)

N: Der Kurier von Metz. Seit drei Monaten ist er nicht durchgekommen. Die Preußen haben ihn in der Nacht in die Stadt gelassen. Er bringe die Nachricht, daß Napoleon in Fontainebleau abgedankt hat und Ludwig XVIII. auf dem Thron ist. Ein Trost: Der Friede von Paris läßt Saarlouis weiterhin französisch sein.

(Plötzlich werfen die Leute Mützen und Hüte hoch, reißen die Kokarden ab, sie umarmen sich, tanzen. Die Trikolore fällt langsam über die Fahne der Bourbonen.)

N: Da trifft am 15. März die Nachricht ein, daß Napoleon in Frankreich gelandet ist. Napoleons Hundert Tage fangen an.

(Plötzlich fällt die Trikolore zu Boden. Alle schauen entsetzt. Starr. Die Fahne der Bourbonen ist wieder zu sehen.)

N: Waterloo. Napoleon dankt zum zweiten Mal ab. Er wird nach Elba verbannt. Die Bourbonen sind wieder auf dem Thron. Saarlouis wird weiter belagert.

(Im Hintergrund, noch kaum zu hören, ein preußischer Marsch. Die Leute gehen langsam zur linken Seite. Dort wird eine Kanzel aufgebaut. Darüber ein verhülltes Schild. Langsam fällt die Fahne der Bourbonen. Die preußische Fahne hängt an ihrer Stelle.)

(N bekommt einen Brief. Liest ihn vor:)

N: »Herr Bürgermeister! Sie kennen vermutlich den in Paris zwischen dem König und den verbündeten Mächten abgeschlossenen Vertrag. Durch diesen Vertrag tritt Frankreich den Alliierten vier Festungen, worunter die Ihrige, ab. Ich erfülle eine überaus schmerzliche Aufgabe, indem ich Sie bitte, Ihre Mitbürger auf das von ihnen zu bringende Opfer vorzubereiten. Auf Befehl des Königs muß ich Ihnen mitteilen, mit welch tiefer Betrübnis er sich gezwungen sieht, sie von seiner großen Familie zu trennen. Von allen Übeln, mit denen der Verrat seine Majestät überhäuft hat, ist für Hochdieselbe keins, das härter wäre, als der mir heute erteilte Befehl. Das Band, das Sie mit Frankreich vereinigte, ist jetzt zerrissen, aber die Liebe Seiner Majestät zu Ihnen wird immer fortbestehen. Seien Sie der Dolmetscher derselben Ihren Mitbürgern gegenüber und teilen Sie ihnen mit, daß Seine Majestät im eigenen und im Namen des Vaterlandes ihnen die traurigen und letzten Versicherungen Ihres Bedauerns und Ihrer Liebe entbietet!« Le ministre sécrétaire (sig.) Vaublanc.

N: Saarlouis wird kampflos übergeben. Die französischen Truppen ziehen ab. Die Preußen kommen.

(Im Hintergrund jetzt preußische Soldaten. Sie postieren sich neben der Kanzel. Der königliche Kommissar Mathias Simon liest pantomimisch das Übergabepatent vor. N erhält eine Pergamentrolle. Liest das Besitzergreifungspatent vor. Als er zu der Unterzeichnung kommt, reißt der königliche Kommissar die Hülle vom bisher verdeckten Schild: Preußisch-Saarlouis ist zu lesen.)

N: Besitzergreifungspatent. Ich, Endes-Unterschriebener Königlich Preußischer Ober-Appellationsrath im Großherzogthum Niederrhein, kraft vorstehender Vollmacht Königlich Preußischer Commissarius zur Besitzergreifung der von Frankreich an Preußen abgetretenen Gebiete,

Oerter und Plätze und bis zur definitiven Organisation mit der Oberverwaltung dieser Gebiete, Oerter und Plätze beauftragt. Nachdem heute den 2. Dezember, Morgens 7 Uhr, die Feierlichkeiten der Besitznahme durch das Läuten der Glocken verkündet worden, habe ich mich um 10 Uhr in die Hauptkirche begeben, woselbst der Herr Oberbürgermeister der Stadt Saarlouis nebst seinen Beigeordneten und alle Glieder des Magistrats, sodann alle übrigen öffentlichen Beamten sich versammelt hatten. Des Herrn Königlich Preußischen General-Majors von Steinmetz, commandierenden Generals in den durch den Friedenstraktat vom 20. November abgetretenen Gebieten, Oertern und Plätzen, Hochwohlgeboren, waren ebenfalls nebst ihrem Generalstabe gegenwärtig. Das in Saarlouis anwesende Königlich Preußische Militär war unter Gewehr getreten und der feierliche Aufzug von der Bürgerwache und ihrer Musik begleitet.

Ich unterschriebener Königlicher Commissarius, im Einverständnis mit des Herrn Generalmajors von Steinmetz Hochwohlgeboren, verlas die vorstehende Vollmacht des Herrn Staatskanzlers Fürsten von Hardenberg Durchlaucht und teilte der Versammlung meine Sendung mit. Sofort wurden der Herr Oberbürgermeister und sämtliche Mitglieder des Magistrats, in eigenem Namen und als Stellvertreter der Einwohner, dem neuen Landesherrn Sr. Majestät dem König Friedrich Wilhelm von Preußen und seinen Nachfolgern verpflichtet. Ein eigener schriftlicher Akt wurde in dieser Hinsicht aufgesetzt, und von allen Magistratsmitgliedern unterzeichnet. Die ganze Versammlung ertönte ein dreimaliges Lebe-Hoch dem neuen Landesherrn. Ich habe demnach in meiner Eigenschaft als Königlicher Commissarius und in Hinsicht der Besitznahme der Festung Saarlouis im Einverständnisse mit dem Herrn General-Major von Steinmetz und in dessen Gegenwart erklärt, daß die reelle Besitznahme der Stadt und Festung Saarlouis und aller übrigen Oerter der Kantone von Saarlouis, Rehlingen und Sirck des Mosel-Departements, welche durch den Friedenstraktat vom 20. November von Frankreich abgetreten und nach der zwischen Preußen und den übrigen Verbündeten Mächten getroffenen besonderen Übereinkunft den Staaten Sr. Majestät des Königs von Preußen, meines allergnädigsten Herrn, einverleibt sind, im Namen Sr. Majestät des Königs von Preußen vollbracht seie; verordnet, daß das Königlich Preußische Wappen an allen Rath- und Gemeinde-Häusern aufgestellt werde; und die Einwohner der Stadt und Festung Saarlouis und der übrigen abgetretenen Gebiete,

Oerter und Plätze zur Unterthanentreue und Pflicht gegen den neuen Landesherrn verwiesen.

Ein Te Deum, von der katholischen Geistlichkeit gesungen und das Gebet Salvum fac regem für die Erhaltung Sr. Majestät des Königs von Preußen, des neuen Landesherrn, beschloß die feierliche Handlung. Gegenwärtiges Besitzergreifungs-Protokoll soll gedruckt und statt des Besitzergreifungspatentes in der Stadt und Festung Saarlouis und in allen abgetretenen Gemeinden, Oertern und Plätzen angeschlagen werden. So geschehen Preußisch-Saarlouis, den 2. Dezember 1815. Der königliche Commissarius Mathias Simon.

Bild 23

REGLEMANG

(Das stumme Spiel im Hintergrund friert für eine kurze Weile ein. Pose. Dann räumt sich der Hintergrund bis auf das Schild Preußisch-Saarlouis und die preußische Fahne. N ist noch bei der schwarzen Truhe rechts. Er zieht sich um. Er wirft die gebrauchten Kleider in die Truhe. Hinter ihm kommt die Wirtschaft »Zum Engel« ins Bild. Der Wirt, an die Theke gelehnt, an einem Tisch ein preußischer Korporal, an einem anderen Tisch, weit genug entfernt, Peter Ney, der Neffe des Marschalls. Er liest in einer Zeitung.)

N: Die Mode geht mit der Zeit. Oder umgekehrt? Auf jeden Fall ändert sie sich. Schon während der Freiheitskriege ist immer wieder die Rede von einem deutschen National- oder Freiheitskostüm gewesen. Nach den Freiheitskriegen ist deutsche Eigenart, das »deutsche Wesen« in Mode. Die aktuelle Politik trifft auf eine geistige Grundhaltung, aktueller Anlaß und Zeitströmung ergänzen einander nicht nur, sondern wetteifern miteinander um das »Teutsche«.

(N ist jetzt wieder in seinem Narrentrikot, geht zur weißen Truhe, zieht sich an.)

N: Vorschläge für eine deutsche Nationaltracht: »Männertracht aus der Ritterzeit nach Art der damaligen bayerischen Landwehruniform, verbunden mit einem Hut mit Schwungfedern zur Erhöhung des romantisch-ritterlichen Aussehens!« Und Ernst Moritz Arndt fordert in einem Aufsatz »Worte aus der Zeit über Sitte, Mode, Kleidertracht«: »Eine stehende Kleidertracht, deren Hauptgestalt fest wäre, würde für die Sitten des Ersprießlichste sein; unsere Jugend würde von vieler Geckerei und Gaukelei errettet, wenn wir von der Tracht unserer Vorfahren uns das Natürliche und Männliche wiedernähmen, das sie vor zwei-dreihundert Jahren noch hatte.« Die Männer sollen: »Beinkleider tragen, die Mitte zwischen zu eng und zu weit, das Wams und den alten deutschen

Leibrock.« Das sind nicht nur Literatenmätzchen! Die Modejournale und Schneidereien wetteifern, diesen Rezepten nachzukommen. So gibt es bald das »deusche Kleid« und die »einfache Nationaltracht.« Inwieweit die Saarlouiser diese Mode mitmachen!? *(N zieht die Schultern hoch)* Klar wird, daß die Art der Besatzer den Besetzten, das Wesen der Eroberer den Eroberten nicht liegt. In der ersten Zeit gibt es mannigfache Spannungen. Das Zackige, Feldwebelhafte gefällt den Saarlouisern nicht. Leicht vorzustellen: ein altgedienter Napoleonssoldat, der den italienischen, den ägyptischen Feldzug mitgemacht, Rußland und am Ende noch Waterloo hinter sich hat, wie er sich kleinmachen muß vor den preußischen Soldaten, deren liebsten Wort »Reglemang« zu sein scheint, wie er die Zähne zusammenbeißt und einen Fluch auf französisch herunterschluckt. Leicht nachzufühlen, daß der Übergang von Sarre-Louis in Saar-Wilhelm (so sollte die Stadt nach der Übernahme zuerst heißen) nicht ohne Reibung verlaufen kann.

Bild 24

Spartanische Suppe

(für Johannes Kirschweng)

(Im »Engel«. Wie vorher. Auf einmal lacht Peter Ney laut auf. Der Wirt und der preußische Korporal schauen zu ihm hin.)

Peter Ney: Gemma nòch en Väatel Leidinger!
Korporal: Juute Jeejend, woo de Bauern an hällichten Tach Wein trinken kennen!
Peter Ney: Nua wail mia dii gutt Soppen han!
Wirt: Wat fo gutt Soppen?
Peter Ney: *(gespreizt)* Die spartanische Suppe! *(lacht)*
Korporal: Wat issen det?
Peter Ney: *(liest vor)* »Anweisung an Bürgermeister und Pfarrer betreffs Übermittlung von Rezepten guter und billiger Suppen für das Volk! Man nimmt für acht Personen und zwei Mahlzeiten ein Pfund Queckenwurzeln, 16 Lot Hafergrütze, 8 Pfund Kartoffeln, 1 Pfund Möhren, 1 Pfund Rüben, 4 Lot Speck, 4 Lot Zwiebeln, 12 Lot Salz, 1/4 Lot Pfeffer, 1 Pfund Brot, 1 Maß Milch.
Wirt: Dat es jò en fätt Sopp, die »spartanische Suppe«! En Drettel sovill Schbäck wii Salz fo se se ässen!
Peter Ney: Halt! Lòò schdet noch äppes! *(liest)* Wer diese herrliche Suppe für acht Tage … Fui Daiwel! Dii woo de Pänz voll Schbaanfärkel un gebròòdena Daiwcha han, han gutt »herrliche Suppe« saan!
Wirt: Es dat dann naischt?! Dòò gesit ma dòch, fowat ma e Regiirung hat! Fowat sollen de Lait net kilowais Quäcken frässen?! Ma hanna dòch genuch! *(Der Wirt und Peter Ney lachen. Der Korporal ist bei dem Lachen der beiden aufgesprungen.)*
Korporal: Schnickschnack ist det! Schnickschnack is det!
Peter Ney: Dat es kään Schnickschnack, Herr General! Dat es en Erlaß *(hebt die Stimme)* des königlich preußischen Landrates in Saarlouis! Maanen dann nòmò heeren? *(Der Korporal zieht eine saure Miene.)*

KORPORAL: Und wat hat det damit zu tun, daß de Bauern an hällichten Tach Wein trinken kennen?
PETER NEY: Mä, wail dii spartanischen Soppen soo fätt sen! *(Der Wirt und Peter Ney lachen. Der Korporal zieht wütend sein Koppel an, will die Mütze aufsetzen, hat das Geldstück schon auf den Tisch geworfen.)*
PETER NEY: Momänt! Momänt! *(Der Korporal dreht sich in der Tür um.)*
PETER NEY: Aich han nòch äppes fo auch! Waaten nòch en Momänt! *(liest vor)* »Die Husaren des 2ten schlesischen Husarenregiments sind angewiesen, sich Büsche von weisen Pferdehaaren zur Verzierung ihrer Tschakkos anzuschaffen; da diese weisen Pferdehaare selten sind, so werden sämtliche Eigenthümer von Pferden von dieser Farbe eingeladen, aus den Mähnen und dem Schweife soviele Haare ausschneiden zu lassen, als, ohne die Pferde zu verunstalten, füglich geschehen kann, und diese Pferde-Haare gegen Bezahlung hieher zu schicken: die Herrn Ortsvorsteher sind ersucht, dieses den Eigenthümern weiser Pferde bekannt zu machen!« *(Der Wirt und Peter Ney brechen in Lachen aus. Der Korporal geht wütend ab.)*
WIRT: *(ruft ihm nach)* Da Dimmelmatz hat nòch en Schimmel! Dääa es awa schon fascht blackich! *(Der Korporal kommt zurück.)*
KORPORAL: Passen se uff, daß se nicht dii Suppeausläffeln missen. *(Das Lachen der beiden verstummt in das plötzliche Dunkel.)*

Bild 25

Im Morgengrauen

(Früher Morgen. Fast noch Dunkel. Nur ein Streifen Hell. Von links und rechts kommen die Saarlouiser Bürger. Schattenrisse. Sie sind aufgeregt. Aus den Gesprächen fallen Sätze wie:)

BÜRGER 1: Dat kann dòch net sen! Dat kann dòch net wòòa sen!
BÜRGER 2: Wir haben alles getan! Wegen der Begnadigung! Wir haben alles getan! Aber
BÜRGER 1: Wänn dat soo waidaget, haauen aich ab!
BÜRGER 3: Nua rouich Blout! Nua rouich Blout!
BÜRGER 2: Die drei sollen in Prüm beim Sturm auf das Zeughaus dabeigewesen sein!
BÜRGER 3: Aich kammaich äaennan! Aich wääß et nòch ausewänzich! Aich wääß et nòch!
KIND 1: Dootgeschoß? Richdich dootgeschoß?
KIND 2: Fowat dann em Schdatgraawen?
BÜRGERIN 1: *(betet)* Unter deinem Schutz und Schirm!
BÜRGERIN 2: Drei so junge Männer! Noch so jung!
BÜRGERIN 2: Aber so sind sie! So sind sie!
BÜRGERIN 1: Wänn aich schon Reglemang heeren!
BÜRGER 3: Reglemang! Reglemang!
(Die Bürger sind jetzt vorne an der Rampe. »Mauerschau«. Sie schauen nach unten in den Stadtgraben. Jetzt Trommelschlag. Das vorgestellte Exekutionskommndo kommt mit den Todeskandidaten.)

BÜRGER 1: Lòò kommen se! Lòò kommen se, dii drai!
BÜRGER 2: Alles umsonst! Keine Begnadigung! Alles umsonst!
BÜRGERIN 1: Häälich Maria schdeen bai!
KIND 1: Schejßen dii richdich?
KIND 2: Fowat krejn dii dann de Aauen vabonn?
KIND 1: Fowat musen dii dann aan da Wand schdeen?

BÜRGER 1: Dii vadammten Henn! Dii vadammten Henn!
BÜRGER 3: Hall dain Maul! Sonscht bescht dau dääa nääkscht!
BÜRGER 2: Wegen einer Dummheit! Die Zitadelle von Prüm zu stürmen!
BÜRGERIN 2: Aber überall in den Rheinlanden ist doch Aufruhr!
BÜRGER 2: Aber die hat man gefaßt!
KIND 1: Wai? Wai glaich?
KIND 2: Wat?
BÜRGERIN 1: Häälich Mutter Gottes! Jeeses-Maria-Joosäf!
(Jetzt hört man das Kommando: »Legt an!«, dann »Schießt!«. Schüsse. Die Menge erstarrt für einen Augenblick. Dann Tumult. Fäuste werden geballt. Ausgespuckt. Steine nach unten geworfen.)

BÜRGER 1: Da Daiwel soll auch holen! Da Daiwänka soll drenschleen! Wäan da nua gebliif, woo da hääakomm sen!
BÜRGER 2: Napoleon müßte her! Napoleon!
BÜRGER 1: Foet met auch! Foet met auch! Mörder! Mörder!
BÜRGERIN 1: Dia Mörder! Mörder!
BÜRGER 3: *(höhnisch)* Aich wääß et nòch ausewänzich! *(Zitiert laut. Schreit es in den Stadtgraben)* Aller durchlauchtigster, aller großmächtigster König! *(Gejohle dazwischen)* Allergnädigster König und Herr! Auch unsere Stadt hat das Glück getroffen, *(lacht höhnisch auf)* mit den Staaten Ew. Majestät vereint zu sein! Glücklich fühlen wir uns bei dieser Veränderung! Durch Treue, Unterwürfigkeit und Liebe werden wir uns bestreben, des Glückes würdig zu sein, uns Preußen und Untertanen Ew. Majestät nennen zu dürfen! *(Gejohle, Pfui-Rufe, Fluchen.)* Genehmigen Allerhöchst dieselben die Versicherung unserer allersubmissesten Devotion, mit welcher wir in tiefster Ehrfurcht ersterben! *(Gejohle, Aufruhr.)* Ew. Majestät alleruntertänigster Magistrat der Stadt Saarlouis!« *(Der Tumult ist gewachsen. Jetzt alle durcheinander. Flüche, Pfui-Rufe, Gejohle und immer stärker das »Poleon! Poleon! Dann stimmt einer die Marseillaise an, in die nach und nach alle einfallen.)*

OFFIZIER: *(plötzlich hinter der Menge, mit schneidender Stimme)* Auseinandergehn! Auseinander! Los! Auseinander! *(Die Menge weicht nicht, sie singt die Marseillaise weiter. Jetzt werden Soldaten sichtbar.)* Gewehre! *(Dann Schüsse. Die Leute laufen auseinander. Nur der dritte Bürger bleibt liegen.)* Ihr Idioten! In die Luft schießen! In die Luft!

SOLDAT: Wir haben in die Luft ...
OFFIZIER: Maul halten! *(Der Alte stöhnt auf. Der Offizier und die Soldaten umstehen ihn.)* Herzanfall! Los! Aufhelfen! *(Die Soldaten greifen den Bürger 3 unter die Arme, ab.)*

(Dunkel.)

Bild 26

WIEDER KRIEG

(Im Hintergrund Kanonendonner. Trompetensignale. Trommeln. Schüsse, Schreie: Kriegslärm. N sitzt auf der weißen Truhe. Während N spricht, werden hinter ihm Verwundete auf Tragbahren hereingebracht, in eine Reihe gelegt.)

N: Wieder Krieg. Die Bewerbung des Hohenzollernprinzen Leopold um die spanische Krone, den Thron Karls V. und die Forderung Napoleons III. an Wilhelm 1., Leopold solle darauf verzichten, sind Anlaß für den deutsch-französischen Krieg 1870/71. Eine alte Kriegsregel – von Friedrich dem Großen und Napoleon immer beachtet –: keine Lazarette in einer Festung unmittelbar hinter der Front! Nach einer verlorenen Schlacht könnten tausende von Verwundete liegen, wo die Verteidiger Platz brauchten! Dazu die Krankheiten und die Verpflegungsprobleme! Saarlouis liegt in unmittelbarer Nähe der Schlachtorte, soll deshalb keine großen Lazarette haben, die Verwundeten sollen sogleich weiter auf das rechte Rheinufer transportiert werden. Aber die Verhältnisse sind stärker als die Befehle. Die nicht transportfähigen Schwerverwundeten bleiben in Saarlouis. So sind zeitweise mehr als 2000 Verwundete in der Stadt, die darauf nicht vorbereitet und dafür nicht eingerichtet ist. *(Licht auf den Krankensaal.)*

Bild 27

Im Lazarett

(An den Verwundeten vorbei, hier und da bleiben sie stehen, kommen Professor Gurlt und Doktor Fritsch nach vorn. An der Rampe bleiben sie stehen.)

Gurlt: Sagen Sie, Herr Kollege, dieser Sandhaufen da in der Ecke ...
Fritsch: Das ist das Klosett!
Gurlt: Was?
Fritsch: Das ist unser Klosett! Es gibt keine Klosetts im Haus. Die leicht Verwundeten und das Personal müssen auf den Hof, die Schwerkranken werden im Bett versorgt, der Rest geht dort in die Ecke.
Gurlt: Nein!
Fritsch: Doch! Jeden Morgen, vor Tagesanbruch wird der Dreck weggeschafft und neuer Sand aufgeschaufelt.
Gurlt: Grandiose Schweinerei!
Fritsch: Herr Professor! Ich war früher Assistenzarzt an einer Frauenklinik, ohne spezielle chirurgische Ausbildung! Als ich hierher versetzt worden bin – ich kann es kaum schildern! Die Ärzte des siebzigsten Regiments, die vorher hier tätig waren, vor Tagen abmarschiert, die Kranken ohne Arzt! Ich habe weder Diagnosen noch Krankengeschichten gesehen. Schwerkranke, Verwundete und Sterbende lagen durcheinander! Aber das Schlimmste: plötzlich in der Nacht kommen unangemeldet dutzende schwerer Fälle, die eben untergebracht werden müssen. Meine Visite dauert von 8 bis 2, ohne Unterbrechung, die Kranken bekommen meist nachmittags erst die am frühen morgen verschriebene Medizin! Ich bin hier völlig allein, auf mich gestellt! Manchmal zeigt sich ein früherer »Kompagniechirurgus«, schöne Uniform, aber absolut taub! Nur mit Stift und Schiefertafel können sie sich mit ihm unterhalten.
Gurlt: Das ist der Krieg!
Fritsch: Der Krieg! Wir haben hier einen delirierenden, hoch fiebernden Typhuskranken, der eine zeitlang zwischen Pont à Mousson und Trier

als Psychose, dann wieder als Typhuskranker hin und hergeschickt worden ist!
GURLT: *(zieht die Schultern hoch)*
FRITSCH: Ein frisches Schlachtfeld ist schrecklich, aber das hier, das hier! Hier lag in extremis ein Verwundeter vom 14. August: Beckenschuß. Mitten aus dem Gesäß ragte aus einer scheußlichen Jauchehöhle ein schwarzer Knochen. Jede Bewegung war so schmerzhaft, daß wir ihn nicht anfassen konnten. Als er tot war, wollte ich doch wissen, was eigentlich vorlag. In der Leichenkammer, dem Sektionsraum, habe ich ihn dann unter 12 Leichen gefunden und auf den Tisch gelegt. Der schwarze Knochen war der Oberschenkel, der durch Muskelzerrung langsam Muskel und Haut durchbohrt hatte. Sie können sich vorstellen, was der Mann für Qualen auszustehen hatte! Hier *(er zeigt)* lagen bis vor kurzem drei am Oberschenkel Amputierte, Bauernjungen. An die frische grüne Natur gewöhnt, kaum des Nachts in einem Zimmer. Und jetzt: kalkige, schmucklose Wände, nicht einmal ein Christusbild. Vor dem Fenster der Festungswall. Dann bekommt der eine lange, kaum endende, furchtbar anstrengende Schüttelfröste, nach denen er wie eine Leiche daliegt. Dann gibt es nachts in der jauchenden Amputationswunde eine Nachblutung. Bei spärlicher Beleuchtung, ohne Assistenz suche ich die Blutung zu stillen. Noch ein paar Fröste, noch eine Blutung, aus. Die anderen zwei sehen das alles mit an. Ihnen wird gleichsam ihr eigenes Ende vorgespielt. Dann fangen auch sie an zu schütteln und zu bluten! Diese Hoffnungslosigkeit! Diese Verzweiflung!
GURLT: Aber Herr Kollege! Sie sind doch Arzt!
FRITSCH: Arzt! Ja! Arzt! Vor einer Woche habe ich hier in Saarlouis einen alten Bekannten getroffen, der ein Landwehrbataillon bei Metz ärztlich versorgt. Ein sehr netter Mann. Aber von Medizin keine Ahnung! Nicht einmal das erste Examen! Noch nie eine Klinik von Innen gesehen! Ich habe ihn gefragt. was er macht, wenn er Kranke hat, denn er versteht ja nichts von Arzneimitteln. Da sagt er, er gibt von einem Mittel erst immer seinem Hund einen Teelöffel voll ins Fleisch. Wenn der Köter dann nicht verreckt, verabreicht er das Mittel tropfenweise den kranken Soldaten! So hat er mit größtem Erfolg den Kranken eine Tinktur gegeben, die zur Vertreibung von Ungeziefer aus den Kleidern bestimmt war. Hat ein Patient gefiebert, ab ins Lazarett!
GURLT: Herr Kollege, wie stellen Sie Fremdkörper in einer Wunde fest?
FRITSCH: Ich sondiere die Wunde sorgfältig.

GURLT: Falsch! Völlig falsch! Es ist völlig falsch, eine Wunde zu sondieren, wie sorgfältig auch immer! Jeder Schußkanal muß mit dem Finger ausgetastet werden! Haben Sie das nie getan?
FRITSCH: *(schüttelt den Kopf)*
GURLT: Sie haben sicher nie eines meiner Bücher gelesen? Also, mit dem Finger wird der Schußkanal ausgetastet.
FRITSCH: Und die Schmerzen! Das muß doch wahnsinnig ...
GURLT: Herr Kollege! Was heißt hier Schmerzen? Es geht um das Feststellen eines Fremdkörpers in einer Wunde!
FRITSCH: Aber die Gefahr einer Wundrose!
GURLT: Herr Kollege, lassen Sie das meine Sorge sein! Ich werde jetzt ihre Verwundeten einmal untersuchen. Nach meiner Methode! Höchste Zeit!

(Dr. Fritsch und Professor Gurlt gehen von Bett zu Bett. Trotz der Schmerzensschreie bohrt Gurlt seinen Finger in jede Wunde hinein. Das geschieht auch noch während der Predigt. Die Schmerzensschreie der Verwundeten unterbrechen immer wieder die Predigt. Gurlt und Fritsch halten sich bei jedem Verwundeten längere Zeit auf.)

Bild 28

DER HERR IST DER RECHTE KRIEGSMANN

(Schon während des Gesprächs zwischen Gurlt und Fritsch ist gegenüber der Reihe von Krankenbetten die Kanzel aufgebaut worden, mit Fahnen geschmückt. Soldaten in Paradeuniform nehmen Aufstellung vor der Kanzel. Gegen Ende des Gesprächs Gurlt/Fritsch ist von fern der Marsch »Preußens Gloria« zu hören, dann setzt, orgelbegleitet, der Choral »Nun danket alle Gott« ein, der allmählich »Preußens Gloria« übertönt. Pfarrer Bähr besteigt die Kanzel.)

BÄHR: Die Gnade unseres Herrn und Heilandes Jesu Christi, und die Liebe
  Gottes des Vaters und die Gemeinschaft des heiligen Geistes sei mit

Euch Allen. Amen. »Da sang Mose und die Kinder Israels dies Lied dem Herrn und sprachen: Ich will dem Herrn singen: denn Er hat eine herrliche That gethan, Roß und Wagen hat Er in's Meer gestürzet. Der Herr ist meine Stärke und Lobgesang und ist mein Heil. Das ist mein Gott, ich will Ihn preisen, Er ist meines Vaters Gott, ich will Ihn erheben. Der Herr ist der rechte Kriegsmann. Herr ist sein Name.« In Christo geliebte Gemeinde! Friede, Friede tönt es heute durch alle deutschen Länder. Welch' ein herrliches Friedensfest dürfen wir doch heute feiern! Ehrenvolleren und glorreicheren Frieden, als den jüngst geschlossenen, sah Deutschland noch nie; in sich geeinigter und mächtiger stand das deutsche Volk nach keinem Frieden da. Was mit allem Reden und allen sonstigen Bestrebungen auch der Besten und Edelsten unseres Volkes nicht erreicht wurde, ein blutiger Krieg gegen den gemeinsamen Feind hat es zu Stande gebracht und alte Schmach gesühnt. Seit Jahrhunderten war Deutschland in innere wie äußere Abhängigkeit von Frankreich gerathen, welche den tiefgehendsten Einfluß auf unsere ganze Volks- und Staatsentwicklung ausübte. Das französiche Volk wähnte sich berufen, als das »erste Volk der Welt« und »an der Spitze der Civilisation stehend«, allen Völkern seinen Willen in Politik, Religion, seinen Geschmack in Kunst und Wissenschaft aufdrängen zu dürfen. Kein Volk, keine Nation sollte neben ihm groß oder mächtig werden, keine sollte in irgend einer Art etwas vor der »großen Nation« voraushaben dürfen. Diese Abhängigkeit überkam auch uns und lastete auf uns als schwerer Druck, wie ein Fluch aus vergangenen Zeiten der Ohnmacht und Schwäche. Wir konnten den von Gott unter den Nationen uns so deutlich zugewiesenen Beruf nicht erfüllen; wir sollten kein einiges und freies Volk werden dürfen; wir sollten in die Angelegenheiten des eigenen Hauses immer Andere hineinreden lassen: weil der mächtige Nachbar es so haben wollte und uns mit eifersüchtigem und ehrgeizigem Auge bewachte. Aber der deutsche Geist brach sich dennoch Bahn. Wie Moses das Volk Israel aus Aegypten führte, so begann Preußen, als starker, von Gott ausersehener Führer, Deutschland aus dem Diensthause Frankreichs herauszuführen und von der sklavischen Bevormundung Frankreichs loszumachen. Und Frankreich mußte es wider Willen geschehen lassen. Aber es ging ihm wie Pharao, der bald bereute, daß er Israel hatte ziehen lassen, und nun Rosse und Wagen nahm sammt auserwählten Hauptleuten, dem Volke nachzujagen, um es wieder in seine Gewalt zu bringen. Und wie Israel damals singen konnte: »Roß und Wagen hat

Gott ins Meer gestürzt«, durften wir gar bald triumphieren: Frankreich ist von seiner Höhe herabgestürzt, »besiegt und zerschlagen ist Frankreichs Heer, sein Kaiser, sein Kaiser gefangen!« Der Siegeslauf unserer Heere von Weißenburg bis Paris, die unglaublichsten Erfolge in kurzer Zeit: Alles steht ja noch frisch und lebendig vor unsern Augen. Es war freilich ein furchtbar blutiges Ringen in dem aufgezwungenen Kriege, aber der Sieg auch ein desto größerer und der Friede um so ruhmvoller. Denn nicht nur wurde Frankreich völlig zu Boden geworfen, sondern der Krieg war auch eine Bluttaufe, in welcher Deutschland seine nationale Wiedergeburt erlangte. Das unglückliche Frankreich soll uns stets ein warnend Beispiel sein, wie eitle Ruhmsucht, blinder Ehrgeiz und Gier nach Eroberung trunken macht und bis an den Rand des Verderbens führt. Daß unser ganzes Vaterland von den Verwüstungen des Krieges frei blieb, daß der Krieg mit allen seinen Schrecken ganz in des Feindes Land hineingetragen werden konnte – ist das nicht Grund genug zum Danke. Darum bleibe fest, Du deutsches Volk an Deinen starken Gott. Seine Ehre sei dein Ruhm, Ihm zu danken Dein Ehrgeiz, Sein Reich Dein Trachten. Bitte heute und alle Tage: »Nicht uns, nicht uns, Herr, sondern Deinem Namen gib Ehre.« Das schließt aber nicht aus, anzuerkennen, was Menschen in diesem Kriege und zur Herstellung des Friedens beigetragen und was wir ihnen zu verdanken haben. Das vergangene Jahr mit seinen Großthaten wird ja für alle Zeiten vielleicht das ruhmreichste Blatt deutscher Geschichte bilden. Was in Staatskunst und Kriegsleitung, was im Aufbieten geistiger und körperlicher Energie und Kraft, was in allen militärischen Tugenden, in Heldenthaten und fester Disciplin und Zucht geleistet worden ist, steht unübertrefflich da: »Der Herr ist der rechte Kriegsmann«, wie unser Text sagt. Er selbst stellte sich an die Spitze unserer Heere, als der Herr der Heerschaaren und oberster Bundesfeldherr. Er war mit uns, und wir nannten den Krieg deswegen einen gerechten, ja heiligen Krieg. Er hat unsere Heere von Sieg zu Sieg geführt, gegen ihn kann ja kein Feind aufkommen oder nur einen Sieg gewinnen, denn »Er ist der rechte Kriegsmann«. Er muß das Feld behalten. Zu allen noch so genialen Feldzugsplänen muß er Sein großes Ja und Amen sprechen, wenn sie von Erfolg begleitet sein wollen; alle Kriegsanschläge muß Er billigen und gutheißen, wenn sie zum Siege führen sollen. Denn Er allein ist der rechte Kriegsmann, »von Ihm kommt Glück und Sieg«. So steht denn heute das ganze deutsche Volk einmütig vor dem Throne Gottes und lobt mit einem Munde den Herrn für das neugeschenkte Gut des Friedens. Hat der Tod auch so manche, unausfüllbare Lücke in tausend Familien gerissen, hat der Krieg auch über unser Vaterland unsägliches Leid gebracht, wir wollen und müssen heute dennoch danken dem Herrn, der Alles herrlich hinausgeführt hat. Und diejenigen unserer Brüder, welche treu bis in den Tod, das Friedensfest nicht mit uns feiern und nicht mit uns danken durften, sie feiern es droben im ewigen Friedensreiche und umstehen dankend den Thron Dessen, der sie mit der Überwinderkrone geschmückt hat. O weinet nicht um sie! Sie sind den schönsten Tod, den Tod für's Vaterland gestorben. Und mit unseren vollendeten Brüdern im Himmel stimmen wir unten auf Erden einen Lobgesang an und singen: Lobet den Herrn in Seinem Heiligthum; lobet Ihn in der Veste seiner Macht; lobet Ihn in Seinen großen Thaten, lobet Ihn in Seiner großen Herrlichkeit; lobet Ihn mit Posaunen, lobet Ihn mit Psalter und Harfen; lobet Ihn mit Pauken und Reigen, lobet Ihn mit Saiten und Pfeifen; lobet Ihn mit hellen Cymbeln, lobet Ihn mit wohlklingenden Cymbeln; Alles, was Odem hat, lobe den Herrn, Halleluja. Amen.

(Der Choral: »Nun danket alle Gott« setzt wieder ein, wird aber allmählich von »Preußens Gloria« übertönt.)

(Dunkel.)

Bild 29

HANDEL UND WANDEL – AN SAARLOUIS VORBEI

(Auf der Projektionswand das Bild: »Am Bahndamm«. Josef Moses und Carl Lewy stehen und warten.)

MOSES: O Lewy! Lewy! Mit was hammia dann das vadiint?!
LEWY: *(zynisch)* Gott wääß! Gott wääß
MOSES: Vasindich dich net!
LEWY: Ai, wääscht dann duu fowas?
MOSES: Nää.
LEWY: Un hat sich soo gutt aangelòß gehatt!

MOSES: O daß de! Dii siwen fätte Jòòa! Un wai?
LEWY: Es kommt wiis kommt!
MOSES: Jòò. Jòò. *(schaut auf die Uhr)*
LEWY: Dääa kommt! Dääa kommt! Dii naie Zait! Da Fòrtschritt!
MOSES: Es Unglick! Ach wäära dòch!
LEWY: Moses! Was kannschde machen?! He?
MOSES: Ball 30 Jòòa! 30 Jòòa lang han ich dòò schon mai Geschäft! Un gutt is gang! Gelaaf! Vaan iwaall. Ich han Kundschaft gehat vaan Bous, vaan Völklingen, vaan Iwahäärn, vaan Siirsburch sen se komm, aach ausem Hoochwald, jòò.
LEWY: Vaan Lòthringen! Vaan Kreuzwald dii, vaan Teterchen, vaan Busendòrf, als aach bis rof nòò Metz!
MOSES: Un of dääa anna Sait: Vaan Lebach als un waida nòch!
LEWY: Was han mia Märkt gebar! Das waaren Märkt!
MOSES: Un alles, alles weejen deem! O daß de! Daß de!
LEWY: Es is en Unglick! Kään Industrie! Wohin ach? Es waar dòch alles vill se äng!
MOSES: Das hätt dii Sau net fätt gemach! Dääa is es! Dääa! Woo uns dii Kundschaft holt! Dòò! Dòò! *(Das Herannahen eines Zuges ist zu hören. Dann entweder Film: Zug, der vorbeirast oder Dia-Zug, unscharf, scharf, unscharf. Moses zeigt auf den Zug. Droht mit der Faust.)*
MOSES: Alles Kundschaft! Alles Kundschaft!
LEWY: Pinktlich of dii Minut!
MOSES: Vaan mia aus kennt dääa Vaschbäädung han! Das wääß da Daiwel wii!
LEWY: Moses! Es is soo wii es is! Dòò baißt dii Maus kään Faadem ab!
MOSES: O, saa mia nix von Faadem! Dann griin ich Griines ins Gesicht! Was sin dii friia kaafen komm! Räckcha, Schuu un Mäntelcha, Anzich, Hemda, Onnawäsch
LEWY: Ich wääß! Ich wääß! Dänkscht duu mia geet das annascht? Awa kannscht duu das dann de Lait vadänken, wään dii fia ensekaafen neme soowait faare wòlle? Dii geen awai mem Zuch! Nòò Völklingen, nòò Dillingen! Nòò ...
MOSES: Jòò, se aanfangs hamma nòch gelacht! Dii Baan nòò Teterchen, vaan Bous nòò Teterchen, vaan Völklingen nòò Teterchen, na un? Mia hans aam Aanfang net geschbiiat! Un dann dii Prims- und Niedtalbahn. Das wòòa schon schlemm! Dillingen dii Endstation! Das hat sich dòò gemach. Nix me Saarlouis! Dii wäären jò ach bleed!

LEWY: Un dann dii Köllertalbahn Lebach-Völklingen. Das wòòa da Räscht! Dòò sin dòò dii Geschäfte ofgebliit! Un mia …
MOSES: Sischtes jò. Mia schdeen hii fia de Mittachszuch nòò Köln se siin!
LEWY: Voabai! An uns voabai! Dääa hält net mòòl bai uns!
MOSES: Ich wääß net, was dii Eisenbahnverwaltung sich dòòbai gedänkt hat! Ich wääß es net!
LEWY: Dii rainschde Pässischkät! Dii rainschde Pässichkät!
MOSES: Schdäll dia mòòl voa! All Zich geen nòò Saarlouis!
LEWY: Das gääb en Fäscht! Mia hädden nòmò grooße Märkt! Vaan iwaall de Lait! Geschäft!
MOSES: Was willschde machen?! Dòò geet dòch nix me en Saarlouis! Dòò geet dòch gaanix me! Das is gelaaf! Voabai! Das is dòch doot!
LEWY: Ich siin mich schon mit Schuuriime un Diichelcha iwa dii Därfa ziin! Riimcha gefällich! Scheene Diichelcha? Schuuwix? Sääf?
MOSES: Hea of! Hea of! Wänns nòmò soowait kommt!

Bild 30

Ost und West: ein grosses patriotisches Schaustück aus der Gegenwart

(Noch während am Bahndamm Josef Moses und Carl Lewy sich über Handel und Wandel in und um Saarlouis unterhalten, kommt vorne links N mit einem Blinden. N trägt eine Gasmaske und Landseruniform 1. Weltkrieg, der Blinde in Zivil hat eine »Daiwelsgai« dabei. Sie setzen sich auf die weiße Truhe, warten. Wenn Licht auf sie fällt, zieht N langsam die Gasmaske aus, nimmt den Blinden an der Hand, geht mit ihm zur Bühnenmitte vorn, läßt ihn dort stehen, geht weiter zur schwarzen Truhe. Während er sich auszieht, die Kleidungsstücke in die Truhe wirft, ruft er im Marktschreierton. Der Blinde spielt in jede Pause einen Tusch.)

N: Heute sehen sie hier
bei kleinen Preisen:
Ost und West.
Ein großes patriotisches Schaustück aus der Gegenwart in 4 Akten.
1. Akt: Die Russen in Galizien.
2. Akt: Deutsche in Belgien.
3. Akt: Unsere Helden in Frankreich (Kriegsepisoden).
4. Akt: Angriff auf eine Festung. Und:
Die phänomenale Schlußapotheose.
Als Vorspiel: Der Mord zu Sarajewo!
Sie werden erleben: Bündnissystheme und Bündnisverpflichtungen, Hilfsversprechen und Nibelungentreue, Bewegungskrieg und Stellungskrieg, die Wunderwaffen: Tanks, Gas und Maschinengewehre! Ein Spektakel für alle Sinne!
Mitwirkende: Soldaten aus aller Herren Länder: Franzosen, Engländer, Russen, Italiener, Rumänen, Griechen, Japaner, Amerikaner, Österreicher, Türken, Bulgaren und – die Deutschen! In den Pausen gibt es Steckrübensirupbrote! Als Nachspiel: Das Torpedieren der Lusitania! Rauchen gestattet!

In ihren Beifall werden einstimmen:
- 1 808 545 deutsche
- 1 354 000 französische
- 908 371 englische
- 600 000 italienische
- 115 000 belgische
- 159 000 rumänische
- 690 000 serbische
- 65 000 bulgarische
- 2 500 000 russische und polnische
- 55 618 amerikanische

Kriegsgefallene

(N ist im Narrenkostüm. Er applaudiert. Der Blinde spielt dazu den Tusch.)

N: Der Krieg ist aus!

(Der Blinde nimmt den Hut vom Kopf, legt ihn vor sich hin. Dann beginnt er auf der »Daiwelsgai« zu spielen, singt heiser, krächzend dazu:)

DER BLINDE:
Mit Trommeln und Pfeifen bin ich oft marschiert,
Neben Trommeln und Pfeifen hab ich oft präsentiert,
Vor Trommeln und Pfeifen bin ich oft avanciert
In den Feind, hurrah!

Die Trommeln und Pfeifen hör ich nicht mehr,
Und Trommeln und Pfeifen, rückten sie her,
Hinter Trommeln und Pfeifen stelzte zu schwer
Mein Holzbein, o weh!

Wenn Trommeln und Pfeifen mir kämen in Sicht,
Gegen Trommeln und Pfeifen mein Ohr hielt ich dicht,
Die Trommeln und Pfeifen ertrüg ich nicht,
Mir bräche das Herz.

Und Trommeln und Pfeifen, das war mein Klang,
Und Trommeln und Pfeifen, Soldatengesang.

Ihr Trommeln und Pfeifen mein Leben lang,
Hoch Kaiser und Heer!

Im Weizenfeld, in Korn und Mohn
liegt ein Soldat, unaufgefunden,
Zwei Tage und zwei Nächte schon
Mit schweren Wunden, unverbunden.

Durstgequält und fieberwild,
Im Todeskampf den Kopf erhoben.
Ein letzter Traum, ein letztes Bild,
Sein brechend Auge schlägt nach oben.

Die Sense sirrt im Ährenfeld
Er sieht sein Dorf im Arbeitsfrieden
Ade, Ade du Heimatwelt
Und beugt, das Haupt und ist verschieden.

(N geht langsam zu dem Schild »Preußisch-Saarlouis« und hängt es ab, ebenfalls die preußische Fahne, wirft beides in die Kulissen.)

N: Der Frieden von Versailles! *(lacht bitter auf)* Nichts vergessen, nichts gelernt!

(N geht jetzt nach vorn, nimmt den Blinden bei der Hand, geht mit ihm ab.)

Bild 31

Stempelngehn – Stempelnstehn

(Zwei Arbeiter setzen einen Tisch mit Stuhl in der Nähe der rechten Bühnenseite vorn ab. Dann stellen sie sich davor auf. Kurze Zeit später reihen sich andere Arbeiter ein. Die Schlange setzt sich in die Kulisse fort. Nur noch zu hören.)

ARBEITER 1: *(in Reihenfolge)* Wann kommt dääa dann?
ARBEITER 2: Mia han dòch Zait!
ARBEITER 1: Awa net fo deenen!
ARBEITER 3: Met uus kannen set jò machen!
ARBEITER 1: Wänn aich dat lòò gewoscht hätt!
ARBEITER 2: Un dann?
ARBEITER 1: Dann wääa aich schbääda komm!
ARBEITER 3: Dann hättschde nòch länga waaten musen!
ARBEITER 5: Woo hascht dann dau geschafft?
ARBEITER 6: Zemmamann
ARBEITER 5: Kään Äawet?
ARBEITER 6: Gääng aich sonscht hej schdeen?
ARBEITER 5: Un wai? Wii waida?
ARBEITER 6: Aich ben met maine Brejda of de Gaau
ARBEITER 5: Of de Gaau?
ARBEITER 6: Bai de Bauan. Aushälfen.
ARBEITER 5: Un brengt dat äppes en?
ARBEITER 6: Et Ässen un e bissin mòòl fo met nòò häm!
ARBEITER 5: Dòò han dii jò gutt lachen! Soo bellich Hänn han dii nòch nii gehaat!
ARBEITER 6: Bässa als Kooldamp schieben es et emma!
ARBEITER 5: Awa ausgenotzt gefschde dabai!
ARBEITER 6: *(zieht die Schultern hoch)* Wat maanschde machen?
ARBEITER 5: Beschde en da Partei?

Arbeiter 6: En wat fo ääna?
Arbeiter 5: Mä, dòò woo en Arbeiter mòòl hingeheeat!
Arbeiter 6: Je, blaif ma dòòmet nua vaam Laif! Aich gen kään Kommunist! Aich net!
Arbeiter 5: Aich wääß et net! Dii Lait dii leeren naischt!
Arbeiter 6: Komm, komm wai! Komm pack en! *(dreht sich weg)*
Arbeiter 4: Da Daiwel soll se holen!
Arbeiter 2: Ween?
Arbeiter 4: Mä, de Fransoosen! Dii Schängelcha!
Arbeiter 2: Fowat?
Arbeiter 4: Dòò fròòscht dau nòch? Mä, dii, dii sen dòch nua aan allem Schold! Aan allem!
Arbeiter 1: Awa iwaall get et dòch soo! Iwaall!
Arbeiter 2: Haschdet net geleest? En Amerika, dòò sen se aus de Fenschdan rausgeschbrong! Net ausem easchden Schdòck!
Arbeiter 4: Dii Schann! Dii Schann!
Arbeiter 2: Wat fon Schann dann?
Arbeiter 4: Mä, dat Versailles! Dääa *(ironisch)* Frieden von Versailles! Dòò han se uus mòòl draankrejt! Dòò han se uus bescheß! Dii wäären schön mòòl nòch gesin! *(Aus den Kulissen, vom Ende der Schlange her auf einmal Rufen:)*
Rufer: Was haben wir?
Einige: Hunger!
Rufer: Was wollen wir?
Mehrere: Brot!
Rufer: Was brauchen wir?
Alle: Arbeit!
(Diese Wechselrufe wiederholen sich, werden rhythmisch, hören auf. Aus den Kulissen, vom Ende der Schlange jetzt Geschiebe.)

Arbeiter 1: *(ruft nach hinten)* Mä hean dòch of! Dia Schdeeringskäpp! Hean of! Dia drecken maich nòch bräät!
Arbeiter 2: *(ruft nach hinten)* Mä, hean dòch of! Dia sen net ganz geschaid! Hean of se drecken!
Arbeiter 3: Aich saan jò, aich san jò, met uus kannen set jò machen!
Arbeiter 1: Fowat es dääa dann nòch net dòò?!
Arbeiter 2: Wänn dii lòò hennen dòch mòòl ofhean gäängen!
Arbeiter 3: Aich drecken mòòl zereck! *(Drückt. Die Reihe legt sich schräg.*

Schreie von hinten: Bleeda Hond! Idioten! Dia Quatschkäpp!) Soo. Dann sin da aach mòòl, wii et es!
ARBEITER 4: Dii wäären schon mòòl nòch gesin! Wänn dääa soo es, soo wiia schwätzt! Dann wäären dii nòch Aauen machen!
ARBEITER 2: Wääa? Wääa macht Auen? Wääa es soo wiia schwätzt?
ARBEITER 4: Bescht dau soo domm, oda douscht dau nua soo?
ARBEITER 2: *(Nimmt den 4. am Kragen)* Je, je mach net, aich waisen da!
ARBEITER 1: *(geht dazwischen)* Sen dia dann all vaschdeat? Wai gen mòòl Rou! Wääa männschde soll dat sen? Dòò geft et dòch nua äänen! Driwen em Raich! Deen männschde dòch!
ARBEITER 4: Dau saaschdet! Dääa es et! Dääa brengt se all of Trapp! Dòò gäängen mia net hej soo schdeen! Dääa holt dii Sässelfurzer! Dääa geft en!
ARBEITER 2: Ma heat aach anna Sachen! Ganz annan!
ARBEITER 4: Propaganda! Nua Propaganda! Alles Gehässichkät! Un puura Naid! Wat dänkschde, wii dääa dii bääken gäät, dii Schängelcha. Dòò wääan ma mooa dahäm!
ARBEITER 1: Dahäm?
ARBEITER 4: Dahäm em Reich!

(Dunkel.)

Bild 32

STATUS QUO ODER NIX WII HÄM

(für Gustav Regler)

(Zwei Arbeiter tragen den Tisch zur linken Bühnenseite, stellen dann einige Bänke davor. Dahinter eine Plakatwand, an die sie ein »Status-Quo«-Plakat heften. Gehen dann wieder. Von rechts kommen zwei andere Männer. Während der eine Schmiere steht, kramt der andere Pinsel und Farbtopf aus seiner Tasche, schreibt über das »Status-Quo«-Plakat »Separatist«, setzt sich dann mit dem anderen auf die erste Bank. Langsam füllen sich die Bänke mit Frauen und Männern. Als Letzter kommt der Redner. Er geht zum Tisch vor, schaut kurz auf das Plakat hinter dem Tisch, dreht sich dann um, lehnt an den Tisch, wartet bis Ruhe ist. Während seiner Rede ist eisiges Schweigen von den anderen.)

REDNER: Ge- *(stockt)* Arbeiter! Arbeiter an der Saar! Ich bin aus dem Ruhrgebiet, aus dem Reich, wie ihr hier sagt. Ich bin auch Arbeiter. Wie ihr. Wie ich in den Saal gekomen bin, habe ich auf das Plakat hinter dem Tisch geschaut, wie jeder von euch, denke ich. »Status-Quo«, ein Fremdwort. Was heißt das, was soll das, habt ihr euch vielleicht gefragt. Wie ich. Da sind die Plakate draußen vor dem Lokal doch einfacher, verständlicher: »Nix wii häm« steht auf denen. »Nix wii häm.« Häm: nach Hause, heim heißt das doch. »Status-Quo« heißt nicht gegen »häm«, gegen Deutschland, gegen das Reich! »Status-Quo« heißt gegen die sein, die wieder Krieg wollen! Gegen die Nazis, gegen Hitler! Dagegen sind wir! Die haben leicht das Wort »häm«, nach Hause, im Mund! Ihr Führer sagt: Alles ist deutsch! Was ist deutsch an der Kohle? Französisch an der Minette!? Ihr habt doch oft genug die Herren wechseln müssen! Seit Jahrhunderten ist der Sturm doch zuerst immer über euch gefegt! Eure Häuser waren immer die ersten Schutzmauern gegen die Granaten! Granaten aus deutscher Kohle und französischer Minette! Granaten, die ihr selbst gemacht habt! Also, wenn dieser Führer sagt, Alles ist deutsch, dann heißt das doch, daß man euch morgen wieder eure Granaten in die Fresse schießt! Es ist ein blutiges Kasperlespiel! Schaut dem Hanswurst ins Gesicht! Ist das ein Gesicht? Über das Plakat hinter mir hat einer »Separatist« geschrieben. Separatist! Auch ein Fremdwort! Aber das wird verstanden! Separatist! Wer trennt euch denn alle dreißig Jahre? Wer spielt mit eurem Land herum? Wer spricht von Faustpfändern wie die Raubritter? Wer hat 1916 Belgien nicht mehr herausgeben wollen? Wer hat bis 1918 die Gruben in Frankreich geplündert? Wer beschwert sich, daß Gleiches mit Gleichem vergolten wird? Wer wollte Europa annektieren? Ein Separatist ist, wer mit nationalen Zäunen, mit Mauern aus Zement, mit Panzertürmen und Stacheldraht die Menschen trennen will! Wir haben lange genug unsere eigenen Gräber geschaufelt! Wir wollen nicht römisch grüßen und nicht französisch, wir wollen die Arme in alle Richtungen Gottes heben und nicht aufwärts zu einem Götzen, einem Führer, der uns zu Kasperlefiguren macht! Und dann: Ihr seid Arbeiter. Ihr fahrt in die Grube ein, ihr steht an den Hochöfen! Wie wir an der Ruhr. Arbeiter! Ich bin einer von euch. Und ich will euch sagen, was sie im Reich mit Arbeitern machen, die organisiert sind oder sich organisieren, die der Partei der Arbeiter angehören! Im März 1933 haben mich die Sturmtruppen der Nazis gefangengenommen. In ihren Keller geschleppt. Und dann mit Stahlruten geschlagen, mir Rizinusöl eingegeben, mich gepeitscht, getreten. Nicht nur einmal. Jeden Tag. Monatelang. Frei gekommen bin ich nur, weil sie geglaubt haben, ich könnte meine Genossen verraten, wenn sie mir folgen! Hier: *(er reißt den Mund auf. Zeigt mit den Fingern)* Eingeschlagen! Eingetreten! Das machen sie mit Arbeitern! So geht das! Und hier *(er zieht das Hemd aus, springt auf den Tisch, dreht sich um: groß das Hakenkreuz auf dem Rücken)* Eingebrannt mit Zigaretten! *(Eine kurze Stille. Dann der Pinsler vom Anfang.)*

PINSLER: Wat bezaalen dia dann de Franzoosen fo dat Theater?
(Alle lachen. Verlassen unter Bemerkungen wie »Quatsch! Wääa dat glääft! Dòò sischt et mòòl! Soo ain Mescht! Nua Propaganda! Also soo äppes! Deem hammat gen! Dääa kommt soo schnäll net nòmò!« das Lokal. Der Redner steht angewurzelt. Starr. Das Hemd noch in der Hand. Auf dem Tisch. So bleibt er. Langsam verlöscht das Licht.)

Bild 33

Saarlouis-Saarlautern 1000 Jahre

(Im gleichen Maß wie vorn auf dem Redner das Licht verlöscht, wird Nazi-Musik (Les Préludes oder Badenweiler) lauter. Im Hintergrund links gruppieren sich Leute um eine Standleiter, über der ein verdecktes Schild hängt. Der Pinsler aus dem letzten Bild steigt jetzt auf die Leiter, enthüllt mit großer Geste das Schild: »Saarlautern« ist zu lesen. Die Leute heben den Arm zum Heil-Hitler. Die reichsdeutsche Fahne wird gehißt. Die Musik ist lautstärkemäßig auf dem Höhepunkt. In die Musik plötzlich das Detonieren von Bomben. Dann Maschinengewehre. Granatwerfer. Trommelfeuer, Bombenangriff. Die Leute werfen sich flach auf den Boden. Auf der Projektionswand erscheint eine Generalstabskarte mit Hitlers Feldzügen, vor allem von der Westfront. Die abstrakten Linien der Karten werden immer mehr und deutlicher zu konkreten Bildern des zerstörten Saarlouis. Wenn das letzte Bild steht, plötzlich Stille. Das Schild »Saarlautern«, hängt abgeschossen nach unten, die Fahne liegt zerfetzt auf dem Boden, die Leiter ist umgestürzt. Die Leute stehen langsam auf, verstört, können kaum sich geradehalten, sind über und über mit Mörtelstaub bedeckt, suchen Halt.)

(Dunkel.)

Bild 34

Sich ännan? – Wat dann?

(Von links kommt Straßenkehrer 1 auf den leeren Platz, kehrend, von rechts Straßenkehrer 2. Straßenkehrer 1 pfeift: der Mai ist gekommen. Sie kehren aufeinander zu. Straßenkehrer 1 bückt sich, hebt etwas auf, liest, steckt es ein.)

STRASSENKEHRER 1: Louda?
STRASSENKEHRER 2: Dääa hat uus em Aau!
STRASSENKEHRER 1: Ma männt, dääa hätt sonscht naischt se doun!
STRASSENKEHRER 2: Hat dääa aach net!
STRASSENKEHRER 1: Da Daiwel sollen holen!
STRASSENKEHRER 2: Dòò hätt dääa vill se doun! Dòò kennt dääa schaffen Dach und Naat!
STRASSENKEHRER 1: Dòò haschde Rächt! Wii emma! Dii Kläänen gen geholl, dii Grooßen kannen laafen!
STRASSENKEHRER 2: Hascht dau gämännt, dat gääng sich ännan? Nää, nää, dat es und blaift wiit es!
STRASSENKEHRER 1: Dat sischde jò aan uus! Wänn all dii, woo dòòmòòls en de Partei gang sen, haut keeren mißten hej, da Määat wääa schwaz! Mia kennten uus net rejan!
STRASSENKEHRER 2: Wai schdeen se nòmò en da Kirch! Stramm en da easchden Rai! Un beeden vooa! Se wòòren all dageent! Nua mia, mia Dirmeln, woo zum Schluß de Uniform nòch kääft han! Mia schdeen wai hej un keeren!
STRASSENKEHRER 1: Sai froo, daß mia nòch keeren kannen!
STRASSENKEHRER 2: Dòò haschde Rächt! Manch ääna gääng ganz gääa aan uusa Schdäll hej keeren!
STRASSENKEHRER 1: Kännschde deen schon! Kriegerehrung: E Kraiz un zwaai Zäntna Sand of de Broscht!
STRASSENKEHRER 2: Dòò kann aich gaanet lachen! Awa et es tròtzdem e Schann, daß mia hej keeren musen! – Louda nòch?

STRASSENKEHRER 1: Mäsicha!
STRASSENKEHRER 2: Wämma sich voaschdällt!
STRASSENKEHRER 1: Wat?
STRASSENKEHRER 2: Wivill Lait geschda hej om Määatplätz wòòren!
STRASSENKEHRER 1: Un?
STRASSENKEHRER 2: Ään Jòòa voabai! Schon laafen se, wänn de Fransoosen paifen!
STRASSENKEHRER 1: Met wat dii paifen! Dat es wichdich! Wòòascht dau dai Bòng net enleesen? Hascht dau net veja Beja, dai Wäcken un dai Zigarätten abgeholl?
STRASSENKEHRER 2: Nää!
STRASSENKEHRER 1: Bescht dau en domma Hond! Dat kann aich gaanet glääwen!
STRASSENKEHRER 2: Aich ben net wii dii annan! Aich han mai Schdolz!
STRASSENKEHRER 1: Aich han nua Honga! Dääa hätt de Schdolz em Nuu gefräß! Un all dii annan? Dänkscht dau, dii wäären weejen de Fransoosen komm? Weent da Musik? De Panzan? De Soldaaten? Watten Daiwel! Dii han de Bòng geholl! Dat glääf ma! Wänn dii haut abschdemmen gäängen, fo Frankreich met em vollen Maan oda fo Daitschland met em läären, mia wäären mooa Fransoosen! Glääf ma!
STRASSENKEHRER 2: Aich net! Aich net! Soo schnäll gen aich net of!
STRASSENKEHRER 1: Hascht dau nòch emma naischt begreff! Mia han de Krejch valooa! Saarlautern hääscht nòmò Saarlouis! Dat hät kään dausend Jòòa gedauat! »Ihr werdet Deutschland nicht mehr wiedererkennen!« *(macht eine Handbewegung im Kreis)* Dääa hätt Rächt! Lou dòch om daich rom! Wat hääscht dòò ofgen? Sai froo, wänn se uus net ofgen! Mia han naischt me fo ofsegen!
STRASSENKEHRER 2: Aich kan da net ganz Rächt gen!
STRASSENKEHRER 1: Fowat net?
STRASSENKEHRER 2: Wänn dat alles falsch wòòa onnam Hitler, wat machen dii dann haut? Uus hollen se! Un all dii annan? Dau wääscht genaau, wii se gejoolt han hej en da Reichskristallnacht! Wòòan mia dabai? Hammia dòò metgemach? Hammia de Juuden äppes hej gedòòn? Dau? Aich?
STRASSENKEHRER 1: Mä nää!
STRASSENKEHRER 2: Also. Awa mia schdeen hej un keeren! Mia! Es dat Gerächdichkät?
STRASSENKEHRER 1: Wänn de dat soorem sischt! Aich han lòò eewen äppes ofgehoof. Soon Häftchin. Dòò schdeen da Sachen dren! Paß of *(liest*

vor) »Geblieben sind uns aber auch unsere Lebenskraft, und unsere Hoffnung auf eine bessere und friedvollere Zukunft – unsere Hoffnung, die im Anblick der Trikolore Frankreichs ...«

STRASSENKEHRER 2: Komm, pack en! Pack en!

STRASSENKEHRER 1: Et kommt nòch bässa! *(Jetzt hört man einen Pfiff. Die beiden arbeiten weiter. Bleiben dann wieder stehen.)* Et kommt nòch bässa: »Denn wenn wir die Geschichte unserer Saarheimat verfolgen, dann wissen wir, von wo uns Rettung kommt! Vom Westen, mit dem wir eine ethnische, geografische und wirtschaftliche Einheit bilden.«

STRASSENKEHRER 2: Hea of! Je!

STRASSENKEHRER 1: »Nicht nur Kraft eines aus der Not geborenen Willens und des aus der Atlantikcharta hervorgehenden Selbstbestimmungsrechts wenden wir uns in der endlich gegebenen Freiheit der Entscheidung Frankreichs zu.«

STRASSENKEHRER 2: Dii sen dòch genaau wii voahääa dii! Genaau soo! Wii da Wend get! Aich saan da, dismòòl hallen aich maich draußen. Un wänn aich eewich keeren muß! Aich han de Naas geschdrichen voll!

STRASSENKEHRER 1: Maanschde net en de MRS geen?

STRASSENKEHRER 2: Dòò gääng aich graad noch fäälen! Hascht se jò gesin met iira Faan lòò schdeen?! Schtramm! Schtramm!

STRASSENKEHRER 1: Da Marschall Ney dääa muß wai hej fo alles hääahallen! Jeeda woo hej Ney hääscht, es wai äppes! Aich han naischt geent en! A wòòa e grooßa Mann! Geweß! Awa wai of äämòòl es a alles!

STRASSENKEHRER 2: Wii voahääa da Lettow-Vorbeck! Un wai? Haia Safari! Soo get et! Se hollen se, wii se se brauchen!

STRASSENKEHRER 1: Da Daiwel soll dii Dattelkäären hollen! Dat klewrich Zaich! Iwaall vaschdraaut!

STRASSENKEHRER 2: Kamelfutter!

STRASSENKEHRER 1: Wat?

STRASSENKEHRER 2: Kamelfutter. Wääscht dau dat net? Et geft dòò ganz vaschiiden Sòeten. Wat mia hei krejn, dat frässen en Afrika nua de Kameelen!

STRASSENKEHRER 1: Dòò wäaat nòmò ääna sai Raibach gemach han!

STRASSENKEHRER 2: Louda nòch?

STRASSENKEHRER 1: Dääa kammaich mòòl! Aich machen wai en Paus.

STRASSENKEHRER 2: Hascht Rächt! *(Sie setzen sich, sofort kommt ein Pfiff. Sie bleiben sitzen, obgleich sich der Pfiff jetzt immer wiederholt.)*

Bild 35

URKUNDEN

(Während im Hintergrund die beiden Straßenkehrer Pause machen, erscheint im Vordergrund N in einem ihm viel zu weiten Anzug, weißem Hemd, Krawatte und Hut. Er hat eine Papierrolle unter dem Arm. Die Straßenkehrer kehren wieder. Auf der Projektionswand ist das zerstörte Saarlouis zu sehen. Zwischen den einzelnen Texten und Bildern ist immer wieder – abgebrochen – der Marsch St. Cyr zu hören, mit dem das Bild auch beginnt. N dreht sich zum Publikum, entfaltet die Rolle. Im Hintergrund das zerstörte Saarlouis. Marsch St. Cyr:)

N: Urkunde zur Grundsteinlegung des Geschäftshäuserblocks zu Saarlouis. Im Jahre des Herrn 1948, im vierten Jahr des Zusammenbruchs des deutschen Reichs, im ersten der endgültigen politischen und verwaltungsmäßigen Loslösung des Saarlandes vom Reich und des wirtschaftlichen Anschlusses an Frankreich, wurde hier, auf dem Geschäftshäuserviertel zwischen dem großen Marktplatz und dem kleinen Marktplatz ...
(N spricht nur noch halblaut. Der St. Cyr-Marsch übertönt ihn. Das nächste Foto: die Französische, oder Deutsche Straße, zerstört. N wieder hörbar:) Zur Zeit waren: Hoher Kommissar der Französischen Republik im Saarland: Gilbert Grandval. Ministerpräsident des Saarlandes: Johannes Hoffmann. Päpstlicher Visitator im Saarland: Msgr. Dr. Schulien. Districtsdelegierter: Pierre Tersac. Landrat des Kreises Saarlouis: Dr. Alfons Diwo. Bürgermeister der Stadt Saarlouis: Walter Bloch.
(Wieder St. Cyr-Marsch. Das nächste Foto: Grundsteinlegung Französische Straße. N hat wieder halblaut weiter gesprochen. Dann wieder hörbar:)
Durch Anordnung des Regierungspräsidenten Dr. Neureuter vom 14. 7. 1945 erhielt unsere Stadt ihren geschichtlich begründeten Namen Saarlouis wieder, den die Regierung Adolf Hitlers 1936 in Saarlautern umgefälscht hatte. Im Januar wurden sämtliche Straßennamen, die an die Herrschaft Preußens erinnerten, in Namen von Personen umgeändert,

die durch ihre Forschungsarbeiten der Menschheit von großem Nutzen waren. So wurde der Kaiser-Friedrich-Ring in Pasteur-Ring und der Hohenzollern-Ring in Curie-Ring umgeändert. Außerdem wurden Straßen mit den Namen der von den Nationalsozialisten in Konzentrationslagern ermordeten Saarlouiser bezeichnet.
(Wieder der St.-Cyr-Marsch. Das nächste Foto: Aufbau der Französichen Straße. 1. Phase. N hat wieder halblaut weitergelesen. Jetzt wieder hörbar:) Am 31. Juli 1945 verfügte die Militärregierung Saar, daß das Saargebiet eine eigene, von anderen administrativen Bindungen unabhängige Verwaltungseinheit darstellt. *(wieder halblaut. Dann hörbar:)* Am 5. Oktober fand die Wahl des saarländischen Landtags statt. 91,23 % der Bevölkerung entschied sich für Parteien, die die politische Trennung des Saarlandes von Deutschland und dessen wirtschaftlichen Anschluß an Frankreich forderten. *(wieder halblaut. Dann hörbar:)* Am 20. November 1947 erfolgte die Einführung der französischen Währung im Saarland *(wieder halblaut. St.-Cyr-Marsch. Das nächste Foto: Französischen Straße Aufbau. Phase 2. Dann wieder hörbar:)* Der Gouverneur des Saarlandes, Gilbert Grandval, wurde am 31. Dezember 1947 durch die franz. Regierung zum Hohen Kommissar der französischen Republik im Saarland ernannt. Am 1. April 1948 wurde die Zollunion Frankreich-Saar verwirklicht und damit der wirtschaftliche Anschluß des Saarlandes an Frankreich vollzogen *(wieder halblaut. St.-Cyr-Marsch. Fotos in Folge: Aufbau der Französischen Straße und der Deutschen bis heute. Wieder hörbar:)* Möge mit Gottes Hilfe das große Wiederaufbauwerk gelingen, unsere Stadt vor den Schrecken eines neuen Krieges bewahrt bleiben und unser Herzenswunsch sich erfüllen: Nie wieder Krieg!

(Dunkel.)

Bild 36

Ja-Sager und Nein-Sager

(Im Fast-Dunkel tragen zwei Männer eine Plakatwand auf die Bühne, stellen sie auf. Ein Mann hat einen Eimer mit Leim und Pinsel dabei, eine Frau eine Rolle mit Plakaten. Sie arbeiten leise.)
JA-SAGER 1: Hej hin!
JA-SAGER 2: Jò. Lòò schdet se gutt!
(Der Mann mit dem Leimtopf streicht den Leim auf, die Frau hält das Plakat daran, klebt es fest. So plakatieren sie die Aufstellwand. Dann verstecken sie sich hinter der Wand. Kurz darauf kommen drei andere Männer. Auch sie haben Leimeimer, Pinsel und Plakate dabei. Sie fangen an, die Plakate abzureißen.)
NEIN-SAGER 1: Haschde schon geleest? *(hält einen Fetzen in der Hand. Liest vor:)* »Die Saar bleibt deutsch! Aber nicht durch die Nacht schleicherarbeit der Klebefritzen!!« Aich lachen maich doot!
NEIN-SAGER 2: »Die Saar bleibt deutsch!« Dat es jò ganz nau! »Die Nachtschleicherarbeit der Klebefritzen!« *(reibt den Plakatfetzen in der Hand)* Nachtschleicherarbeit! Wääa hat dann dat haut Naat gekleeft?! Mia?
NEIN-SAGER 3: *(reißt noch ein Plakat runter)* Ein Geejendääl! *(Alle lachen)*
NEIN-SAGER 1: Waaten, et kommt nòch bässa! »Nicht durch jene MRS-Leute, die sich heute nationalistisch gebärden ...«
NEIN-SAGER 2: Awai schlet et dòch draizeen! Haschde dòò nòch Wòete? Wai kommen dii soo? Haschde dat gesin! MRS nationalistisch!
NEIN-SAGER 3: Gaanet domm! Gaanet domm!
NEIN-SAGER 1: *(liest weiter vor:)* »Nicht durch Schlagworte, sondern durch die Saarländer selbst, die ihr *(hebt hervor)* wahres Deutschtum bewahrten und bewahren, gerade weil sie gute Europäer sind!«
NEIN-SAGER 2: Lòò han se nòmò graad de Kurv krejt!
NEIN-SAGER 1: »Der Dicke muß weg«
NEIN-SAGER 3: Schraiwen dii dat sälwa? Schdemmt, schdemmt! Dòò kann aich en nua Rächt gen!

NEIN-SAGER 1: *(liest weiter:)* »Warum? Weil er ein Bergmannssohn ist?«
NEIN-SAGER 2: Aa, wai kommen se soo! Wai haauen se of de Botz.
NEIN-SAGER 1: »Weil er tausenden von der ehemaligen Militärregierung Ausgewiesenen die Heimat wiedergeschenkt ...«
NEIN-SAGER 3: Heimat? Vakaafen maan a se! Vakaafen aan de Schängelcha!
NEIN-SAGER 1: »... Die Heimat wiedergeschenkt und ebensoviele Ausweisungen verhindert hat.«
NEIN-SAGER 3: Dòò kann aich jò nua laut lachen!
NEIN-SAGER 1: »Weil er in seiner Regierungsführung eine soziale Entwicklung eingeleitet hat, die in Europa mustergültig ist, weil er in seiner Regierungsführung einen Wiederaufbau vollzogen hat, der allen Familien Glück und einen guten Lebensstandard brachte? Weil er eine christliche Politik in einer einmaligen Form auf kirchlich religiösem und kulturellem Gebiet durchführte? *(hebt hervor)* Jeder Saarländer gibt selbst die Antwort: Joho bleibt.«
NEIN-SAGER 2: *(fällt ein)* Ein Verräter! Awa dòò fäält nòch äppes. Dòò fäält dòch nòch äppes?!
NEIN-SAGER 1: Kommt schon noch! Kommt noch: »DPS wir kommen wieder! Klingt heute wie 1932/33! Saarländer, soll sich das wiederholen?«
NEIN-SAGER 3: Dòò haschdet dòch! Alles dòò!
NEIN-SAGER 1: »Saarländer, willst du dich durch Nationalisten wieder zum Streitobjekt degradieren lassen, nachdem wir Saarländer eine Eigenständigkeit im Rahmen der Westeuropäischen Union erreicht haben! Wir kommen wieder! Sagte Goebbels in den Trümmern des Reiches und – vergiftete sich – tödlicher Ausgang!«
NEIN-SAGER 3: Soo ain Schond! *(reißt 1 das Plakat aus der Hand, zerreißt es in kleine Fetzen, wirft sie auf den Boden, trampelt darauf herum. Unterdessen sind die* JA-SAGER *hinter der Plakatwand hervorgekommen, betrachten* NEIN-SAGER 3, *der auf den Fetzen herumtrampelt, werden von* NEIN-SAGER 2 *und* 1 *nicht gesehen, da diese Plakate ankleben.)*
JA-SAGER 1: *(liest laut:)* »Das deutsche Herz entscheidet! Nein!«

(Die NEIN-SAGER *schrecken auf, fangen sich aber sofort)*
NEIN-SAGER 1: Äppes dageent?!
JA-SAGER 2: Ja. Dòò hammia äppes dageent! *(deutet auf* NEIN-SAGER 3*)* Heef dat of!

NEIN-SAGER 3: Dat glääfscht dau dòch net em Äärenscht!
JA-SAGER 2: Dat saan aich ganz em Äärenscht! Heef dat of!
NEIN-SAGER 1: Fowat?
JA-SAGER 2: Heef dat of! Aich waaten neme lang!
NEIN-SAGER 3: Un dann?
JA-SAGER 2: Dat wääschde schon gesin!
NEIN-SAGER 1: Wai hea mòòl zou!
JA-SAGER 1: Hall dau daich draußen!
NEIN-SAGER 1: Dat fällt ma gaanet en!
JA-SAGER 1: Nää? *(geht auf* NEIN-SAGER *1 zu. Sie stehen dicht voreinander.)*
FRAU: Hean dòch of! Lòsen dòch deen Quatsch!
JA-SAGER 2: Quatsch nännscht dau dat? *(*JA-SAGER *3 ist an die Plakatwand gegangen, hat das Plakat der* NEIN-SAGER *abgerissen und zerknüllt es in der Hand.)*
NEIN-SAGER 1: Mach dat lòò nòch äämòòl! *(*JA-SAGER *3 will gerade das nächste Plakat abreißen, da bekommt er einen Leimpinsel quer durch das Gesicht. Augenblicklich ist eine Schlägerei im Gang. Dabei fallen Schimpfwörter wie »Nazischwein! Separatistensau! Verräter! Frankophiler! Preißenkäpp!« Die Frau versucht, die Männer auseinander zu bekommen. Es gelingt ihr nicht. Sie steht hilflos dabei.)*
FRAU: Et es dòch net ze glääwen! Sen dia vareckt! Han dia se dann nòch all?! Dia vaschdeaten Henn! Mia han dòch net 1935! Han dia dann naischt geleat? Naischt vagääß?! Hean dòch of! Dat es jò schlemma wii bai de Nazis! Hean dòch of! Dia Hämmel! Wänn dat aua Politik es! Hean wai of!
(Plötzlich fällt die Plakatewand um. Alle stehen oder liegen einen Augenblick bewegungslos, dann trennen sie sich. Die Plakate sind zerrissen, die Leimeimer umgekippt, die Plakatwand am Boden, die JA-SAGER *wie die* NEIN-SAGER *zerrauft. Sie ziehen nach verschiedenen Seiten ab.)*
FRAU: *(zu* JA-SAGER *3, ihrem Mann)* Dat wòòat lätscht und eascht mòòl, woo aich metgang ben. Wänn dat soo es!
JA-SAGER 3: Wai fänk dau aach nòch aan! Hall dau daich wai draußen! Et langt ma! Et langt ma graad!
FRAU: Komm, ma geen häm! *(Sie gehen ab)*

(Dunkel.)

Bild 37

23. OKTOBER 1955

(Auf der Projektionswand das Foto »Verkündigung des Abstimmungsergebnisses des Referendums vom 23. Oktober 1955«: Dr. Hubert Ney, Kurt Konrad, Dr. Heinrich Schneider, Richard Becker, auf dem Heinrich Schneider den Daumen nach unten hält. Dazu: Originalton aus der Abstimmungsnacht: Dr. Heinrich Schneider. Über das Foto geblendet: 67,7 % Nein. Mit dem Abbrechen des Tons Dunkel.)

Bild 38

Saarlouis-Venedig – letztes Mal

(Die Projektionsfläche zeigt ein Bild vom Hochwasser um Saarlouis. Zwei Jungen kommen, werfen mit Steinen.)

Junge 1: Aich han se! Aich han se!
Junge 2: Woo?
Junge 1: Lòò hennen! Lòò!
Junge 2: Ma wärfen se kabutt! *(Sie werfen)*
Junge 1: Wii se schraait! Wiin klään Kend!
Junge 2: Getròff! Dii es doot!

(Zwei Männer kommen langsam näher. Im Gespräch.)

Mann 1: Et lätscht mòòl! Et lätscht mòòl!
Mann 2: Schon komisch, daß dat neme sollt sen!
Mann 1: Jeed Jòòa, mòòl mee, mòòl weenija
Mann 2: Saarlouis-Venedig
Mann 1: Aich mißt liinen, awa manchmòòl haddet ma diräkt gefall!
Mann 2: Dau hascht gutt lachen! Soowait vaam Schuß! Dia es et Wassa jò aach de Träpp nii rofgelaaf!
Mann 1: Alles geween, voabai!
Mann 2: Et lätscht mòòl!
Mann 1: Wänn aich aan 1947 dänken! Alles kabutt! Ma hòdden naischt me! Un dòòdrof nòch et Hoochwassa!
Mann 2: Un 1958! Dii »Saarspende«. Dòò es da Kòks geschwomm komm! Wääschde nòch? Dat wòòa en daia Hoochwassa!
Mann 1: Fo de Grouwen!
(Die beiden Jungen jagen jetzt einen – imaginären – Hasen im Zickzack über die Bühne, fallen hin, rennen weiter. Lärm.)
Mann 1: Wii ma durch et Kirchenscheff gefaa sen, wann wòòa dat nòch?
Mann 2: Wii de Akten foetgeschwomm sen, en deem Jòòa!

(Die Jungen haben den Hasen in die Enge getrieben, werfen sich über ihn.)
JUNGE 1: Ma hannen!
JUNGE 2: Ma hannen!
MANN 1: Wai kann Saarlouis mòòl richdich aus sich rausgeen!
MANN 2: Ball wääat alles met Haisa zougewaaßt sen! Vaan weejen Wiis!
MANN 1: Wämmat soo holt?! Of dääa anna Sait: de Stadt braucht Plätz! Dii Saarbegradijung wòòa needich! Aach fo de Scheffa!
(Mann 2 zuckt mit den Schultern. Die Jungen bringen den Hasen zu den Männern.)
JUNGE 1: En Haas!
JUNGE 2: Wiia ziddat
MANN 2: Dat es ball aach voabai!

(Dunkel.)

Bild 39

Auf dem Grossen Markt

(Film: der Große Markt von verschiedenen Seiten – zuerst von Gruchalla, oben, dann von der Post, dann von Willi Jakobs Zimmer aus, dann vom Kirchturm. Lange, ruhige Einstellungen von einem ganz gewöhnlichen Markttag heute. Währenddessen Musik – Lullys Menuette, die Carmagnole, die Marseillaise, Napoleonsmarsch, Preußens-Gloria, Deutschlandlied. Wenn die Musik zu Ende ist, hört man zuerst leise, wie ein Fremdgeräusch, dann aber immer stärker, deutlicher, das Rauschen der Platanen. Das Bild friert ein. Solarisiert. Wird Fotografik. Bleibt so. Dunkel. Aus dem Dunkel langsam wieder der Sternenhimmel vom Anfang. Leute kommen auf die Bühne, gruppieren sich, schauen nach oben, Leute in heutiger Kleidung. Im gestirnten Himmel ist zu lesen:)

Halleys Voraussicht nach erscheint der Komet wieder 1986.
(Die Schrift bleibt eine Weile. Dann Dunkel. Dann Helle. Ende.)

*

Das Festspiel »Saarlouis 300/Historische Revue« hat Alfred Gulden im Auftrage seiner Vaterstadt für das Jubiläumsjahr 1980 geschrieben. Er hat auch zu diesem Anlaß die Uraufführung eingerichtet und geleitet. Das Spiel schildert in 39 Bildern an Hand von – zum Teil noch unbekanntem – dokumentarischem Material das wechselvolle Auf und Ab der vom »Sonnenkönig« 1680 gegründeten Festungs- und Garnisonsstadt. Es ist jener »Ort an der Grenze«, dessen Mittelpunkt und Aktionsraum der »Große Markt« seit jeher war. Der vollständige Text der Spielhandlung ist deshalb auch ein Geschichts- und Lesebuch.

Die im Buch verwendeten Zeichnungen sind Bühnenbildentwürfe für die einzelnen Szenen.